Norman Mailer
(1923-2007)

Norman Kingsley Mailer nasceu em Long Branch, Nova Jersey, em 31 de janeiro de 1923, em uma família de origem judaico-russa. Cresceu no Brooklyn e ingressou na Universidade de Harvard para estudar engenharia aeroespacial quando tinha apenas dezesseis anos. Após se formar, em 1943, serviu nas Filipinas durante a Segunda Guerra Mundial, experiência que inspirou seu famoso romance de estreia, o best-seller *Os nus e os mortos* (1948), que o transformou em um aclamado autor aos 25 anos. Seguiu-se uma carreira literária prolífica: publicou mais de quarenta livros, incluindo romances, biografias e livros de não ficção. Recebeu duas vezes o Prêmio Pulitzer, a primeira por *Os exércitos da noite* (1968), que também ganhou o National Book Award, e a segunda por *A canção do carrasco* (1979). Também escreveu, dirigiu e atuou em diversas produções, foi um dos fundadores do jornal independente *The Village Voice* e teve participação ativa na mídia, nunca se furtando de dar suas provocativas opiniões. Foi uma celebridade muito antes de escritores atraírem os holofotes.

A variedade de temas torna sua literatura de difícil classificação. Seus romances seguintes ao sucesso de estreia, *Barbary Shore* (1951) e *The Deer Park* (1955), foram recebidos com hostilidade pela crítica. Seu próximo trabalho de peso seria o ensaio *The White Negro* (1957), um estudo sobre a sociedade hipster. Em 1959, lançou *Advertisements for Myself*, uma coletânea que incluía histórias inacabadas, partes de romances, ensaios, críticas e escritos esparsos que, pelo seu estilo inovador, chamou a atenção de um público mais jovem. A ele se seguiram os romances *Um sonho americano* (1965) e *Why Are We in Vietnam?* (1967), que foram recebidos
que serviriam como "guias pa

Juntamente com Truman Capote, Gay Talese, Tom Wolfe, entre outros, foi responsável pelo movimento que ficou conhecido como *new journalism*. Mailer foi um dos expoentes dessa geração que transformou o jornalismo americano ao introduzir à não ficção técnicas ficcionais, como no premiado *Os exércitos da noite* (1968), que tem como ponto de partida as demonstrações pela paz de outubro de 1967, nas quais chegou a ser preso e multado por desobediência civil. Também se notabilizou por sua cobertura das convenções republicanas e democratas, retratadas em *Miami e o cerco de Chicago* (1968) e *Of a Fire on the Moon* (1970). E uma de suas maiores obsessões foi o boxe, o qual deu origem a grandes trabalhos, como *A luta* (1975), sobre o confronto entre Muhammad Ali e George Foreman.

Polêmico, conhecido por abusar do álcool e das drogas, candidatou-se à prefeitura de Nova York e ficou marcado pelo episódio no qual esfaqueou Adele Morales, sua segunda mulher, depois de uma festa. Mailer morreu de insuficiência renal aguda, aos 84 anos, em 10 de novembro de 2007.

Livros do autor publicados pela **L&PM** EDITORES:

A luta
Um sonho americano

NORMAN MAILER

A LUTA

Tradução de RODRIGO BREUNIG

www.lpm.com.br

L&PM POCKET

Coleção **L&PM** POCKET, vol. 1321

Texto de acordo com a nova ortografia.
Título original: *The Fight*

Primeira edição na Coleção **L&PM** POCKET: julho de 2019

Tradução: Rodrigo Breunig
Capa: Ivan Pinheiro Machado. *Foto*: The Ring Magazine/Getty Images
Preparação: Mariana Donner da Costa
Revisão: Lia Cremonese

CIP-Brasil. Catalogação na publicação
Sindicato Nacional dos Editores de Livros, RJ

M19L

Mailer, Norman, 1923-2007
    A luta / Norman Mailer ; tradução Rodrigo Breunig. – Porto Alegre [RS]: L&PM POCKET, 2019.
    272 p. ; 18 cm.   (L&PM POCKET, v. 1321)

    Tradução de: *The Fight*
    ISBN 978-85-254-3844-7

    1. Ali, Muhammad, 1942-2016. 2. Foreman, George, 1949-.
3. Boxe - Estados Unidos. I. Breunig, Rodrigo. II. Título. III. Série.

19-56105   CDD: 796.830973
                                CDU: 796.83(73)

Leandra Felix da Cruz - Bibliotecária - CRB-7/6135

© 1975, Norman Mailer
All rights reserved.

Todos os direitos desta edição reservados a L&PM Editores
Rua Comendador Coruja, 314, loja 9 – Floresta – 90.220-180
Porto Alegre – RS – Brasil / Fone: 51.3225.5777

PEDIDOS & DEPTO. COMERCIAL: **vendas@lpm.com.br**
FALE CONOSCO: info@lpm.com.br
www.lpm.com.br

Impresso no Brasil
Inverno de 2019

Sumário

Parte I: Os mortos estão morrendo de sede
  1. Indiferença carnal..................9
  2. O azar..................25
  3. O milionário..................39
  4. Uma turma de campeões..................53
  5. Morto no chão..................73
  6. Nosso Kissinger negro..................87
  7. Longa viagem..................93
  8. Elmo no Zaire..................109
  9. Rei dos lacaios..................135

Parte II: N'golo
  10. Feiticeiros..................157
  11. Uma viagem de ônibus..................171
  12. O vestiário..................183
  13. Golpes de direita..................193
  14. O homem nas cordas..................211
  15. A canção do carrasco..................223
  16. Chegaram as chuvas..................237
  17. Uma nova arena..................247
  18. Bagarre à Dakar..................255
  19. Sortudo, o triplo perdedor..................269

Os mortos estão morrendo de sede

1. Indiferença carnal

É SEMPRE CHOCANTE vê-lo de novo. Não *ao vivo* como na televisão, mas parado na nossa frente, no auge de sua forma. Então O Maior Atleta do Mundo corre o risco de ser o nosso homem mais belo, e o surgimento do Vocabulário Afetado é inevitável. Mulheres soltam suspiros *audíveis*. Homens *baixam* a cabeça. Eles são lembrados mais uma vez de sua falta de valor. Mesmo que jamais abrisse a boca para estremecer as gelatinas da opinião pública, Ali continuaria incitando amor e ódio. Pois ele é o Príncipe do Céu – é o que diz o silêncio envolvendo seu corpo quando ele está radiante.

Quando ele está deprimido, porém, sua pele pálida ganha uma cor de café com leite aguado, sem creme. Surge o verde doentio de uma manhã deprimida no charco turvo da carne. Ele não parece estar bem. Essa descrição aplica-se à sua aparência no campo de treinamento em Deer Lake, Pensilvânia, numa tarde de setembro sete semanas antes da luta em Kinshasa contra George Foreman.

Ele treinava sem ânimo no ringue. Pior. Não parava de levar golpes idiotas, socos que normalmente evitaria, e Ali não era assim! Observar seus treinos era uma arte que somente ao longo dos anos você desenvolvia. Outros campeões escolhiam parceiros de sparring capazes de imitar o estilo do oponente seguinte e, quando tinham dinheiro para bancá-lo, acrescentavam um lutador camarada: alguém que pudessem golpear à vontade, alguém com quem fosse divertido lutar. Ali também fazia isso, mas na ordem inversa. Para sua segunda luta com Sonny Liston, seu favorito havia sido Jimmy Ellis, um artista complicado que não tinha nada em comum com Sonny. Como boxeadores, Ellis e Liston tinham movimentos tão diferentes que um não conseguiria passar uma tigela de sopa para o outro sem derramá-la. Claro, Ali teve outros parceiros de sparring para aquela luta. Shotgun Sheldon vem à mente. Ali se recostava nas cordas enquanto Sheldon lhe dava cem socos na barriga – isso era Ali condicionando estômago e costelas para receber as pancadas de Liston. Seu dever apontava nessa direção, mas seu prazer era treinar com Ellis como se não precisasse estudar o estilo de Sonny, ao elaborar suas próprias artimanhas e maravilhas.

Os lutadores costumam usar o período de treinamento para fortalecer a confiança em seus reflexos, assim como um esquiador médio, depois de praticar por uma semana curva paralela, pode imaginar que talvez um dia chegue a parecer um profissional. Com o passar dos anos, no entanto, Ali foi se concentrando menos em aprimorar sua própria velocidade e mais em como receber golpes. Agora, parte de sua arte era reduzir a força de cada golpe recebido na cabeça para então fracioná-la ainda mais. Todo lutador faz isso, e na verdade um boxeador jovem não dura muito tempo se seu pescoço não girar no instante da pancada, mas era como se Ali estivesse ensinando seu sistema nervoso a transmitir os choques mais depressa do que outros homens conseguiriam ensinar.

Talvez toda doença resulte de uma falha de comunicação entre a mente e o corpo. Isso é certamente verdadeiro na súbita doença que é o nocaute. A mente já não consegue transmitir sequer uma palavra para os braços e as pernas. O extremo dessa teoria, exposto por Cus D'Amato quando gerenciava Floyd Patterson e José Torres, é que um pugilista com desejo autêntico de vencer não pode ser nocauteado se consegue ver o golpe se aproximando, pois nesse caso não sofre nenhuma interrupção dramática de comunicação. O golpe pode machucar, mas não é capaz de derrubá-lo. Em compensação, uma combinação de cinco golpes em que cada estocada acerta o alvo garante que qualquer oponente perca sua consciência. Não importa o quão leves sejam os golpes, esse é o bilhete premiado. A súbita sobrecarga do centro de mensagens da vítima tende a produzir o influxo de confusão chamado coma.

Agora era como se Ali levasse essa ideia mais longe, de modo que conseguisse assimilar socos mais depressa do que outros lutadores, em que pudesse literalmente distribuir o choque por mais partes do corpo, ou dirigi-lo para o melhor caminho, como se idealmente estivesse trabalhando em busca da habilidade de receber aquela combinação de cinco golpes (ou seis ou sete!) e mesmo assim estar preparado para desviar o impacto para cada braço, cada órgão e cada perna, de modo que o castigo pudesse ser digerido e a mente permanecesse acesa. Era um aprendizado ver Ali levar golpes. Ele se recostava nas cordas e dava patadas no sparring como uma gata incitando seus gatinhos a mordê-la. Então Ali levantava sua luva e deixava o golpe do outro resvalar nessa luva e desviar de sua cabeça, repetindo o movimento por outros ângulos, como se a segunda metade da arte de ser atingido fosse aprender as trajetórias nas quais os golpes roçavam as luvas e mesmo assim acertavam a cabeça;

Ali não parava de tentar descobrir um meio de amortecer esses golpes ou punir a luva que desferia o soco, continuamente elaborando sua compreensão íntima de como encurralar, refrear, modificar, lograr, encurvar, desviar, entortar, distorcer, defletir, tombar e deslocar as bombas que vinham em sua direção, e de fazê-lo com um mínimo de movimentos, de costas nas cordas, as mãos lânguidas erguidas. Ele treinava invariavelmente num cenário que o exibia como boxeador esgotado, cansado demais para levantar os braços no décimo segundo assalto de uma luta de quinze assaltos. Esse treinamento pode tê-lo poupado de ser nocauteado por Frazier na primeira luta entre os dois, esse treinamento foi explorado por ele em todas as lutas subsequentes. O corner gritava "Pare de brincar!", os jurados lhe descontavam pontos pelo hábito de deitar nas cordas, os comentaristas escreviam que ele não parecia o velho Ali, e o tempo todo ele estava aperfeiçoando o método.

Naquela tarde em Deer Lake, porém, Ali parecia estar aprendendo muito pouco. Estava levando socos bobos que pareciam pegá-lo de surpresa. Não se mostrava abatido, mas arrastado. Parecia entediado. Dava mostras, conforme trabalhava, do grande tédio de um marido que transa com a esposa por obrigação, no auge da indiferença carnal.

O primeiro sparring, Larry Holmes, um jovem negro de pele clara com histórico profissional de nove vitórias e nenhuma derrota, boxeou agressivamente durante três assaltos, golpeando Ali mais vezes do que era golpeado de volta, algo que por si só poderia não ser incomum – às vezes Ali não desferia um único soco ao longo de todo um assalto –, mas, naquela tarde, Ali parecia não saber como usar Holmes. Ali ostentava a expressão entediada que costumava aparecer no rosto de Sugar Ray Robinson mais para o fim de sua carreira quando ele era atingido no nariz, uma careta de desdém pela profissão, como se você pudesse perder a boa aparência se não tomasse cuidado. A tarde estava quente, e o ginásio, mais quente ainda. Estava cheio de turistas, mais de cem, que tinham pagado um dólar para entrar – havia na função toda uma apatia de fim de verão. De vez em quando, Ali tratava de castigar Holmes por seu atrevimento, mas Holmes não estava lá para ser instruído a troco de nada. Ele revidava com toda a fúria de um jovem profissional que enxerga para si o melhor dos futuros. Ali poderia ter lhe dado uma lição, é claro, mas estava boxeando nas profundezas do mau humor. Parte da força de Ali no ringue consistia em fidelidade a seu estado de espírito. Se nas declarações à imprensa um tom áspero e histérico podia invadir sua voz com a mesma facilidade com que outros homens acendem um cigarro, no ringue ele nunca se mostrava frenético, ao menos não desde a luta com Liston em Miami em 1964, quando se tornou o Campeão dos Pesos-Pesados. Ali tratava o boxe do mesmo modo como Marlon Brando parecia incorporar um papel, como se fosse uma extensão natural de seu estado de espírito. Num dia ruim ele permanecia em sua letargia, descontava no boxe seu verdadeiro desgosto pela estupidez do seu ofício. Com frequência ele treinava uma tarde toda nesse baixo astral. A diferença hoje era que estava sendo surpreendido por socos inesperados – o fim do mundo para Ali. Irritado, punia Holmes envolvendo sua cabeça com o braço. Ao longo dos anos, Ali se tornara um dos melhores praticantes da luta corpo a corpo no ringue. No entanto, se chutes de caratê tivessem sido introduzidos no boxe, Ali também teria sido o melhor neles. Sua crença inabalável só podia ser que nada no boxe lhe era estranho. Agora, porém, tamanho virtuosismo havia se reduzido ao recurso de abraçar Holmes. Quando eles se separavam, Holmes voltava ao ataque. Mais para o fim dos três assaltos, Ali começou a castigá-lo com socos. Holmes retribuía.

O sparring seguinte de Ali, Eddie "Bossman" Jones, um meio-pesado, era uma versão escura e reduzida de George Foreman. Parecia ter menos de um metro e oitenta, e Ali se valeu dele como se fosse um brinquedo. Absolutamente confortável com Jones (um lutador reminiscente de outros lutadores que ficavam plantados no chão desferindo golpes), Ali deitava nas cordas e levava os socos de Bossman quando optava por levá-los e os bloqueava quando queria. Por todo aquele aparente nível de exigência, Ali poderia ter sido supervisor numa linha de montagem, aceitando e rejeitando produtos. "Esta peça passa, esta não." Na medida em que o boxe é carnalidade, carne contra carne, Ali era um mestre no momento de receber, ele extraía o sumo da coisa, o sumo estético dos golpes que bloqueava ou desviava, mais todo o sumo libidinal de Bossman Jones martelando em sua barriga. Durante todo um assalto, Bossman espancou Ali e Ali aceitou o castigo. No segundo dos dois assaltos, Ali saiu das cordas durante os dois últimos minutos e tratou de dar socos pela primeira vez naquela tarde. Seu variado repertório de mestre aflorou, *jabs* com luva fechada, *jabs* com punho aberto, *jabs* com a luva se torcendo à direita, *jabs* com torção à esquerda, depois uma série de golpes de mão direita oferecidos como *jabs*, depois *uppercuts* e ganchos tranquilos em posição ereta, cheios de velocidade, com ambas as mãos. A cada soco sua luva fazia algo diferente, como se o punho e o pulso dentro da luva também estivessem falando.

Então o treinador de Ali, Bundini, voltou à vida com gritos do *corner*. "A noite toda!", ele berrava feliz. Mas Ali não soltava nada de muito forte, preferindo acertar Bossman Jones com uma variação de golpes, ting, ting, bing, bap, bing, ting, bap!, e a cabeça de Bossman sacolejava como uma *punching ball*. "A noite toda!" Havia algo de repulsivo em observar aquilo, como se a cabeça do homem repousasse sobre uma roda de oleiro e estivesse sendo moldada precisamente na forma de uma *punching ball*. Embora não tivesse sido golpeado com violência, Jones (um ponto para o teorema de D'Amato) se mostrava cambaleante ao fim do assalto. E feliz. Ele fora bom para o chefe. Ele tinha o tipo de rosto que revelava que milhares de socos haviam se chocado contra sua persona, aquele brilho celestial de um trabalhador esforçado cuja inteligência tinha sido aniquilada de tanto apanhar havia muito tempo.

Os três últimos assaltos foram contra Roy Williams, apresentado à plateia como o Campeão Peso-Pesado da Pensilvânia, e ele tinha o mesmo tamanho de Ali, um amável homem escuro, de aspecto sonolento. Ele boxeava com tamanho respeito por seu empregador que sua principal paixão parecia ser o terror de atrapalhar o carisma de Ali. Williams socava o ar e Ali se agarrava nele. Ele parecia estar trabalhando mais o corpo a corpo do que o boxe, como que curioso por testar seus braços contra a força de Roy Williams. Três lentos assaltos transcorreram com a cabeça do Campeão Peso-Pesado da Pensilvânia preso na curvatura do bíceps de Ali. Parecia o estágio terminal de uma briga de rua, quando já não se vê grande coisa além de respiração ofegante.

Naquela altura Ali já boxeara durante oito assaltos, cinco dos quais tranquilos, tranquilos demais para causar tanta fadiga – o tom esverdeado de sua pele não era sinal de um bom fígado. Os turistas da plateia, na maioria operários brancos em camisas floridas, alguns com barba por fazer, ou um motociclista ocasional, pareciam apáticos. Era preciso ter familiaridade com os métodos de Ali para fazer uma ideia minimamente remota de qual significado poderia ter aquela espécie de treino. Lá pela metade do último assalto Bundini começou a ser ouvido de novo. Bastante conhecido pelos leitores dos jornais de esportes (pois era o inventor do "Flutua como borboleta, ferroa como abelha"), em dias normais ele tinha uma personalidade mais intensa por centímetro cúbico do que a de Ali, e agora gritava com uma voz que cada espectador jamais esqueceria, pois não apenas era rouca e imprecatória como também sugeria uma capacidade de atravessar qualquer isolamento da atmosfera. Bundini estava invocando djinns. "Bate o chicote! Dá nele! Machuca ele!", ele uivava com a cabeça para trás, seus calvos olhos fogueteiros lanceando ogros ectoplásmicos. Ali não respondia. Ele e Roy Williams continuavam agarrados, abraçados, trocando pancadas ocasionais. Arte nenhuma. Apenas o esforço de lutadores muito cansados, semelhante aos tropeços de exauridos carregadores de móveis. "*Sai* de cima", gritava Bundini, "*sai* de cima dele." Os segundos iam se escoando. Bundini queria uma saraivada, queria-a pelo moral, pela consciência tranquila de Ali naquela noite, pela confirmação do bom hábito, pelo fim, senão de outra coisa, ao menos daquele mau humor desgraçado. "Sai de cima dele! Bate nele! Vai, cara. Encerra o espetáculo com ele, *encerra o espetáculo! Sai* de cima. Acaba com ele! Acaba com ele! *Acaba com ele!*", Bundini persistiu rumo aos gritados segundos finais do oitavo e último assalto, e Ali e Williams, trabalhando devagar, chegaram ao fim de seu dia. Nenhuma movimentação. Nenhuma saraivada. A campainha. Não fora um treino feliz. Ali parecia azedo e enfarado.

Ele não parecia muito mais feliz uma hora depois, quando apareceu para dar entrevistas. Esparramou-se num sofá em seu vestiário, com o esforço do treino ainda presente, de modo que, ao contrário do habitual, ele parecia pesado, e pouco inteligente; na verdade, estava até feio. Seu rosto estava ligeiramente inchado, insinuando que sua cabeça incharia ainda mais, e que ele lembraria um cão pug nos anos vindouros. O que mais assombrava era sua falta de energia. Normalmente, Ali gostava de falar depois dos treinos, como se o esforço físico apenas provocasse suas energias na medida suficiente para confirmar sua paixão, que era falar. Naquele dia, contudo, ele ficou recostado no sofá, deixou que outros falassem. Havia diversos negros na sala, e eles se aproximavam como cortesãos, cada qual esperando sua vez para sussurrar no ouvido de Muhammad e então retornar ao assento na plateia. Um repórter de uma rede voltada ao público negro mantinha o microfone de prontidão para o caso de Ali querer responder, mas aquela era uma ocasião em que ele não queria fazê-lo.

O treino parecia ter exigido demais. Pairava no ar uma melancolia, pesada como as trevas. Claro, não é incomum que as concentrações de lutadores sejam sombrias. No treinamento pesado, os lutadores passam a viver em dimensões de tédio que outros mal conseguem conceber. É um dever dos lutadores. O tédio cria uma impaciência com a vida e uma violência para melhorá-la. O tédio cria o ódio de perder. Por isso a mobília é invariavelmente pintada em todos os tons de cinza opaco e marrom opaco, os parceiros de sparring espancados quase até a insensibilidade são quietos, quando não rabugentos, e o silêncio parece destinado a preparar o lutador para tortura na noite da luta. As concentrações de Ali, no entanto, geralmente oferecem vivacidade – senão a vivacidade dos outros, pelo menos a dele. Era como se Ali insistisse em se divertir enquanto treinava. Naquele dia não. Era como qualquer concentração de lutador. Tácitos sentimentos de derrota circulavam pelo recinto insipidamente mobiliado.

Assim como um homem que cumpre uma longa sentença na prisão começará a viver desesperado quando admitir que o esforço para manter sua sanidade mental o fará ser menos homem, da mesma forma um lutador passará por algo semelhante. O prisioneiro ou lutador deve abrir mão de parte do que há de melhor nele (visto que o melhor para qualquer ser humano não se destina mais à prisão – ou ao treinamento – do que um animal para o zoológico). Mais cedo ou mais tarde, o lutador reconhece que algo em sua psique está pagando caro demais pelo treinamento. O tédio está não apenas embotando sua personalidade; está matando sua alma. Não é surpresa, então, que Ali tenha se revoltado contra o treinamento durante metade da carreira.

"O que você acha das chances?", alguém perguntou, e a pergunta, lançada sem preparação, deixou Ali com uma expressão meio perdida. "Não entendo de apostas", ele disse. Explicaram que homem contra homem as probabilidades de eram de 2½ para 1 contra ele. "Isso é bastante?", ele perguntou, e falou quase surpreso:

"Eles realmente acham que Foreman vai ganhar!". Ele pareceu menos deprimido pela primeira vez naquele dia. "Vocês estão em condição de ganhar um monte de dinheiro numa aposta como esta." Pensar na luta, porém, pareceu animá-lo um pouquinho, como se ele fosse um condenado pensando na hora em que sua pena terminaria. (Um matador, é claro, poderia estar esperando na rua.) "Vocês gostariam", Ali perguntou no calor da pequena alegria, "de ouvir o meu novo poema?"

Ninguém teve coragem de responder que não. Ali gesticulou para um lacaio que trouxe uma bolsa da qual o lutador extraiu um maço de páginas preenchidas, manuseando sua literatura com a mesma concentração dos dedos com que um pobre conta notas de dinheiro. Então começou a ler. Os negros ouviam com devoção, enquanto faziam cálculos para as apostas. Ali disse:

"Eu tenho um grande soco pá-pum.

O pá deixa poucos de pé, o pum não deixa nenhum."

Todos sorriram em silêncio. Os versos prosseguiram com a sugestão de que Ali era afiado como uma navalha e que Foreman poderia se cortar.

"Olhar pra ele é de dar engasgo,

Pois em seu rosto se vê rasgo e mais rasgo."

Ali afinal botou as páginas de lado. Desdenhou do júbilo obediente dos presentes com um gesto da mão. O poema ocupava três páginas. "Quanto tempo levou para escrever?", perguntaram. "Cinco horas", ele retrucou – Ali, capaz de falar ao ritmo de trezentas novas palavras por minuto. Uma vez que o respeito era pelo homem, por tudo no homem, incluindo o talento literário (assim como alguém poderia estar disposto a respeitar os guinchos que Balzac conseguisse arrancar de uma flauta caso isso se provasse revelador de um só nervo em Balzac – um só), eis que se fez ver uma imagem de Ali, lápis na mão, compondo lá nas profundezas da reverência negra pela rima – aqueles elos misteriosos no universo do som: jamais uma rima sem sua razão oculta! Será que as rimas de Ali ajudavam a moldar a disposição do futuro? Ou ele apenas ficava lá sentado depois de um treino e lentamente combinava um verso tolo com o seguinte?

Contudo, os poderes psíquicos de Ali nunca se afastavam por muito tempo de qualquer situação crítica. "Esse troço aí", ele disse, acenando com as mãos, "é só por diversão. Estou investindo todo o meu talento em poesia séria." Pela primeira vez naquele dia ele pareceu interessado no que estava fazendo. Agora, de memória, recitou com voz fervorosa:

As palavras da verdade tocam
A voz da verdade é calma
A lei da verdade é simples
A planta floresce na alma.

O poema prosseguia por um bom número de versos, e afinal terminava com "A alma da verdade é Deus", um sentimento incontestável para judeu, cristão ou muçulmano, incontestável de fato para qualquer pessoa exceto um maniqueísta como o repórter a que já nos referimos. Mas o entrevistador já estava conduzindo suas preocupações por outra vereda estética. Era quase impossível que o poema fosse dele. Talvez fosse a tradução de algum sufi devocional que os professores muçulmanos de Ali liam para ele, da qual ele poderia ter mudado algumas palavras. Mesmo assim, um verso se mantinha: "A planta floresce na alma". Alguém tinha realmente escutado aquilo? Ele poderia ter escrito aquilo? Em todos os doze anos de sua profética poesia ruim sobre boxe – o poema tão imprestável quanto a previsão costumava ser exata: Archie Moore/ pobre boxeador/ vai cair feito uma flor/ não vai nem sentir nem a dor – uma coisa assim! –, aquele verso devia ser, no volumoso cânone de Ali, o primeiro exemplo de uma ideia não de todo antipoética. Que Ali compusesse algumas palavras de verdadeira poesia seria equivalente a um intelectual desferir um bom soco. Questionamentos eram necessários. Ali, no entanto, não conseguia se lembrar do verso fora de contexto. Ele precisava recordar o poema todo. Contudo, sua memória não estava funcionando. Agora era possível sentir o peso dos socos que ele levara naquela tarde. Verso por verso, sua voz procurava em voz alta pelas palavras que faltavam. Demorou cinco minutos. O esforço, nesse tempo, ganhou certa qualidade adicional, como se o ato de recordar também pudesse restaurar alguns dos circuitos no cérebro que haviam sido desarranjados naquele dia. Com a imensa alegria de uma criança de oito anos exibindo boa memória na aula, Ali finalmente se lembrou. A paciência foi recompensada. "A lei da verdade é simples. A planta só cresce com água."

A planta só cresce com água! O recorde de Ali estava intacto. Seu primeiro verso de poesia ainda estava por ser escrito.

O exercício, no entanto, o despertara. Ele começou a falar de Foreman, e com entusiasmo. "Eles acham que ele vai me derrotar?", Ali gritou alto. Como se o seu senso do universo tivesse sido ofendido, disse com fúria: "Foreman só sabe empurrar. Ele não sabe *bater*! Ele nunca apagou nenhum cara. Ele derrubou Frazier seis vezes, não conseguiu nocauteá-lo. Ele botou José

Roman, um ninguém, na lona quatro vezes, não conseguiu nocauteá-lo! Norton na lona quatro vezes! Isso não é bater. Foreman apenas empurra os caras pro chão. Ele não tem como me causar problemas, o gancho de esquerda dele não é de nada! Ganchos de esquerda são um problema pra mim. Sonny Bates me derrubou com um gancho de esquerda, Norton quebrou meu queixo, Frazier me derrubou com um gancho de esquerda, mas Foreman – ele só dá socos lentos, leva um ano pra chegar lá". Agora Ali se levantou e começou a dar golpes como quem empurra o ar. "Vocês acham que *isso* vai me incomodar?", ele perguntou, lançando direitas e esquerdas que se detinham a cinco centímetros da retina do repórter. "Essa vai ser a maior virada da história do boxe." Ali estava finalmente animado. "Eu tenho quatro centímetros de braço a mais do que ele. É um monte! Até um centímetro já é vantagem, mas quatro centímetros é um monte. É um monte."

Não era novidade que uma concentração de treinamento tem como objetivo fabricar um produto – o ego de um lutador. Na concentração de Muhammad, porém, não era a partir do manager ausente, nem dos treinadores, nem dos sparrings, nem certamente do ambiente sombrio da própria academia que se fabricava o produto. Não, o trabalho era feito por Ali. Ele era o produto de sua própria matéria-prima. À medida que ele argumentava, não havia mais chance alguma para Foreman. Mesmo assim, estava no ar a maneira com que Foreman liquidara Ken Norton em dois assaltos. Naquela noite, comentando junto ao ringue logo após a luta, a voz de Ali se mostrara estridente. Quando ele começou a falar com os repórteres da tevê, sua primeira observação – pouco característica de Ali – foi: "Foreman consegue bater mais forte do que eu". Se Ali inventara desculpas para si mesmo por suas duas longas lutas equilibradas com Norton, tais desculpas haviam acabado de ser arrancadas de seu ego. Em Caracas naquela noite, bem diante de seus olhos, ele vira um matador. Foreman tinha sido cruel como poucos homens jamais vistos no ringue. No segundo assalto, quando Norton começou a cair pela segunda vez, Foreman o pegou cinco vezes, tão veloz no instante quanto um leão retalhando sua presa. Talvez Foreman não soubesse acertar, mas ele sabia executar. Aquele instante deve ter revirado as entranhas de Ali.

Naturalmente, um grande pugilista não vive com ansiedade como outros homens. Ele não pode sequer começar a pensar em quanto pode ser ferido por outro lutador. Nesse caso sua imaginação não o tornaria mais criativo, mas menos – existe à disposição dele, afinal de contas, uma ansiedade interminável. Aqui em Deer Lake, a ordem era enterrar todo pavor; em seu lugar, Ali exalava uma autoconfiança sinistra, monótona ao extremo. Mais uma vez seu charme se perdia na declamação de seu próprio valor e da incompetência do inimigo. Sua alquimia, contudo, funcionava. De alguma forma, a ansiedade oculta era transmutada em ego. Todos os dias os repórteres vinham, todos os dias ele ficava sabendo das probabilidades, pela primeira vez de 2½ para 1, e submetia seus informantes ao mesmo discurso, lia os mesmos poemas, levantava, dava socos a cinco centímetros de seus rostos. Se os repórteres trouxessem gravadores para registrar suas palavras, poderiam acabar com a mesma entrevista, palavra por palavra, mesmo que houvesse uma semana de intervalo entre as visitas. Todo um pesadelo horrendo, o extermínio de Norton por Foreman, estava sendo convertido, repórter após repórter, poema após poema, mesma análise após mesma análise – "Ele empurra forte no soco, mas não sabe *acertar*" – na reinstalação do ego de Ali. O pânico do terror estava sendo comprimido por tijolos psíquicos. Que muro de autoconfiança a determinação de Ali erguera com o decorrer dos anos.

Antes da saída, há um passeio informal pelo campo de treinamento. Deer Lake já é famoso na mídia por suas réplicas de cabanas de escravos no alto da colina de Ali e pelas grandes rochas pintadas com os nomes de seus oponentes, o nome de Liston na primeira pedra que você vê na estrada quando entra. Cada retorno ao campo tem de fazer Ali recordar aquelas rochas. Outrora esses nomes eram lutadores capazes de causar pânico no meio do sono e um arrepio ao despertar. Agora são apenas nomes, e as cabanas são bonitas de ver, sobretudo a de Ali. Suas ripas são escuras, com o matiz da antiga ponte ferroviária da qual foram retiradas; o interior, para razoável surpresa, é similar a uma modesta cabana de escravos. A mobília é simples, mas antiga. A água vem de uma bomba manual. Uma velhinha com os modos de uma vida árida e decente poderia parecer a habitante natural da cabana de Ali. Até a cama de dossel com a colcha de retalhos parece mais adequada ao tamanho dela do que ao dele. Fora da cabana, no entanto, o resíduo filosófico dessa velhinha é obliterado por um estacionamento asfaltado. É maior do que uma quadra de basquete, e todos os edifícios, grandes e pequenos, são contíguos a ele. Há muito de Ali aqui. O gosto sutil do Príncipe do Céu que veio para guiar seu povo colide com os balidos rouquenhos do céu midiático de Muhammad, onde o único firmamento é o asfalto e as estrelas emitem cintilações na estática.

2. O azar

CONTEMPLEM O GOSTO de outro negro: é o Domínio Presidencial do presidente Mobutu em Nsele, nas margens do Congo, um complexo de prédios de estuque branco com estradas que se estendem por mais de mil acres. Um zoológico pode ser encontrado em algum recanto de seus jardins, bem como uma piscina olímpica. Há um grande pagode na entrada, iniciado como presente dos chineses nacionalistas, mas completado como presente dos chineses comunistas! Estamos num domínio curioso: Nsele! Estende-se desde a autoestrada até o Congo sobre campos cultivados, três quilômetros até o Congo, agora chamado de Zaire, o enorme rio que aqui é uma decepção, pois suas águas são barrentas e cobertas por moitas flutuantes de jacintos arrancadas das margens e densas como carcaças na água, românticas como cagalhões. Um barco fluvial de três conveses, híbrido entre iate e vapor movido a pás, está ancorado no cais. O barco se chama *Président Mobutu*. Ao lado dele, semelhante na aparência, há um navio hospitalar. Chama-se *Mama Mobutu*. Nenhuma surpresa. Os cartazes que anunciam a luta dizem *"Un cadeau de Président Mobutu au peuple Zairois"* (um presente do Presidente Mobutu para o povo zairense) *"et un honneur pour l'homme noir"* (e uma honra para o homem negro). Feito uma cobra em volta de um pau, o nome de Mobutu se entrelaça no Zaire com o ideal revolucionário. "Uma luta entre dois negros numa nação negra, organizada por negros e vista pelo mundo inteiro; eis uma vitória do mobutismo." É o que diz uma das placas verdes e amarelas do governo na rodovia de Nsele até a capital, Kinshasa. Uma variedade de placas assim, escritas em inglês e em francês, fornece ao motorista um curso-relâmpago sobre o mobutismo. "Queremos ser livres. Não queremos obstáculos em nosso trajeto até o progresso; mesmo que tenhamos de abrir caminho através da rocha, vamos forjá-lo através da rocha." É melhor do que Burma Shave* e certamente um nobre sentimento pela vegetação do Congo, mas o entrevistador está pensando que, depois de tanta viagem, chegou a um lugar sem muitos atrativos. Claro, o repórter também está todo esverdeado. Ele pegou uma doença viral no Cairo antes de vir para o Zaire e passara somente três miseráveis dias neste país. E ainda por cima vai partir para Nova York nesta tarde mesmo. A luta foi adiada. Foreman se cortou num treino. Como é um corte acima do olho, o adiamento, embora indefinido, dificilmente será inferior a um mês. Que azar! O dia em que ele desembarcou no Zaire foi o dia em que tomou conhecimento da notícia. Sua reserva de hotel, é claro, tinha sido cancelada. Não há nada como não dispor de uma cama quando você desembarca ao amanhecer numa capital africana. Grande parte da manhã se perde até que afinal lhe designam um quarto no Memling, famoso por sua história revolucionária. Uma década atrás, correspondentes moravam em seus andares superiores, numa época em que havia execuções sumárias

---

* Creme de barbear notabilizado por outdoors humorísticos instalados em sequência ao longo de estradas. (N.E.)

no saguão. O sangue corria pelo seu piso. Mas agora o Memling parecia de novo aquilo que sempre havia sido, um hotel medíocre numa cidade tropical. O famoso piso do saguão se mostrava outra vez mais ou menos comparável em termos de limpeza e conforto ao piso da estação de ônibus da Greyhound em Easton, Pensilvânia, e os nativos da recepção falavam francês como homens com laringes artificiais. Eles eram, não obstante, tão superiores em sua atitude em relação aos estrangeiros quanto qualquer parisiense. Que orgulho têm eles na incapacidade de compreender nosso sotaque! Que salão para ser executado! Os funcionários públicos zairenses que passavam por aquelas dependências usavam jaquetas azul-escuras sem lapelas combinando com calças azuis chamadas *aboscos* (do slogan *"à bas le costume"* – abaixo o traje formal) e esse era o vestuário revolucionário aprovado pela burocracia. Como alguns desses funcionários até falavam inglês (com sotaques mais torturantes que o dos japoneses – palavras catapultadas pelas tripas com olhos esbugalhados), a irritação fervilhava em todos os diálogos. Entre brancos e negros, arrogância desmoronava em cima de mais arrogância. Para a imprensa, os zairenses só podiam ser o povo mais rude da África. Rapidamente as relações entre zairenses e brancos visitantes se transformaram em ódio mútuo. Para obter o que você desejava, fosse bebida, quarto ou passagem de avião, a voz peremptória recomendada era um grosseiro tom belga. Se, por exemplo, você desligasse o telefone depois de esperar vinte minutos por uma resposta, era certo que o telefonista do hotel ligaria de volta para insultá-lo pelo incômodo sofrido. Aí era preciso assumir o papel de um *cultivateur belgique* definindo a realidade para os trabalhadores da plantação. "*La connection était im par faite!*" Os modos se rebaixavam a tal ponto que os negros americanos passavam a rosnar para os negros africanos. Que país enredado em nós velhos e novos!

Pior do que isso. Estar no Congo pela primeira vez e descobrir que seu nome tinha sido mudado. Mais debilitante do que o canibalismo era essa contribuição à anomia. Chegar ao limite de *O coração das trevas*, aqui na antiga capital do *horror* de Joseph Conrad, esta Kinshasa, a outrora maligna Leopoldville, centro do tráfico de escravos e do tráfico de marfim, e vê-la através dos olhos biliosos de um intestino torturado! Seria parte do gênio de Hemingway sua capacidade de viajar com entranhas saudáveis? Quem alguma vez quisera tanto estar de volta em Nova York? Se havia encantos em Kinshasa, onde encontrá-los? O centro da cidade tinha todo o estilo de uma cidade do interior da Flórida com setenta ou oitenta mil pessoas que havia perdido, de alguma forma, o milagre do crescimento – alguns prédios grandes olhavam para inúmeros pequenos. Mas Kinshasa não tinha oitenta mil pessoas. Tinha um milhão, e se alastrava por mais de sessenta quilômetros em volta de uma curva do Congo, agora, sim, o Zaire. Não era mais agradável do que passar por sessenta quilômetros de tráfego de caminhões e subúrbios manchados de carros nos arredores de Camden ou Biloxi. Se havia uma cidade central repleta de miséria e cor chamada La Cité onde os nativos viviam numa interminável decadência de córregos, estradas de terra esburacadas, casas noturnas, lojinhas improvisadas e choupanas, nosso viajante continuava enjoado demais com o desgoverno interno de sua própria vida para fazer uma visita, pensando apenas em voltar logo para casa. É claro que, numa rotina sob tamanha coação, as emoções produtoras de bile revelavam ser as mais satisfatórias. Que prazer na observação de que aquele revolucionário Estado negro de partido único conseguira casar alguns dos aspectos opressivos do comunismo com os mais repreensíveis do capitalismo. O presidente Mobutu, o sétimo (segundo a reputação) homem mais rico do mundo, decretara que o único termo apropriado para um zairense usar no trato com outro era "citoyen". Com sua renda média per capita de setenta dólares por ano, um zairense, qualquer zairense, ainda poderia dizer "cidadão" para o sétimo homem mais rico do mundo. Não é de admirar, então, que o repórter detestasse o Domínio Presidencial. Aquelas pequenas vilas brancas (reservadas para a imprensa) e o grande Pavilhão Congressional branco (reservado para o treinamento dos pugilistas) eram uma Levittown em pleno Zaire. Construções de estuque pintadas com cor de aspirina se erguiam por trás de rendados muros decorativos ao ar livre que lembravam o pior de Edward Durell Stone, e não há crítica pior – já que até o melhor de Edward Durell Stone equivale a tomar uma pílula de câncer –; não, aquela pretensiosa Nsele com sua entrada de três quilômetros e suas hordas de trabalhadores esquálidos nos campos de melancia (era possível passar por mil negros na estrada antes de vislumbrar um homem com a menor insinuação de uma barriguinha) era uma confecção tecnológica igual à NASA ou a Vacaville, uma prisão de segurança mínima para os profissionais da mídia e os burocratas visitantes do mundo. Uma torre alta, branca e cromada, com as iniciais do partido – MPR* – assomava como um pilar da retidão

---

* Mouvement Populaire de la Révolution. (N.T.)

fálica. A distância era longa desde Joseph Conrad e o velho *horror*. Talvez você precisasse de uma mente tão extrema quanto a dele para ser capaz de argumentar que as minúcias plásticas de Edward Durell Stone ainda eram equivalentes em ódio ao Congo Belga de 1880:

> Não eram inimigos, não eram criminosos, não tinham nada de terreno agora – nada senão sombras negras de doença e fome, deitadas confusamente na treva esverdeada. Trazidos de todos os recessos da costa na plena legalidade dos contratos temporários, perdidos num ambiente hostil, alimentados com comida estranha, eles adoeciam, e se tornavam ineficientes, e eram autorizados a rastejar para um canto e descansar. Aquelas formas moribundas eram livres como ar – e quase tão rarefeitas. Comecei a distinguir o brilho dos olhos sob as árvores. Então, olhando para baixo, vi um rosto perto da minha mão. Os ossos negros se reclinavam ao comprido com um ombro encostado na árvore, e lentamente as pálpebras se levantaram e os olhos afundados subiram até mim, enormes e vazios, uma espécie de cega cintilação branca nas profundezas das órbitas que se apagou lentamente. O homem parecia jovem – quase um menino –, mas com eles, vocês sabem, é difícil dizer. Não me ocorreu nada mais a fazer senão lhe oferecer um dos meus bons biscoitos suecos de bordo que eu tinha no bolso. Os dedos se fecharam devagar e seguraram o biscoito – não houve outro movimento nem outro olhar.

Em Nsele, Ali estava abrigado numa vila bem próxima das margens do Zaire. O interior da casa tinha sido mobiliado pelo governo no estilo que se poderia esperar. Salas grandes, duas vezes maiores do que quartos de motel, mas com idêntico clima deprimente, dominavam o ar. Cadeiras e longos sofás se mostravam revestidos numa imitação de veludo verde, o piso era de um ladrilho plástico cinzento, as almofadas eram laranja, a mesa um marrom-escuro – você estava olhando para o onipresente mobiliário de hotel conhecido no comércio atacadista como Lixo Chique.

Eram nove da manhã. Ali tinha dormido. Mesmo que parecesse estar melhor do que em Deer Lake, persistia uma insinuação de falta de saúde plena. De fato, a imprensa noticiara que seu nível de açúcar no sangue estava baixo, que sua energia era precária e que ele tinha sido submetido a uma nova dieta. De qualquer forma, não havia grande melhora em sua aparência.

Naquela manhã ele estava duplamente deprimido por causa do corte de Foreman. Mal faltava uma semana para a luta. Um repórter de tevê, Bill Brannigan, que conversou com Ali assim que ele soube da notícia, comentaria: "É a primeira vez que vejo Ali ter uma reação autêntica". Como ele estava aborrecido! "O pior momento de todos", disse Ali, "e a pior coisa que poderia ter acontecido. Eu sinto como se alguém próximo de mim tivesse acabado de morrer." Poderia ser que a determinação em desenvolvimento em seu corpo acabara de morrer, sua difícil busca pela boa condição física? Mas meramente falar de boa condição física já é confrontar o primeiro mistério do boxe. É um raro estado de corpo e mente que permite a um peso-pesado que se mova em velocidade máxima por quinze assaltos. Isso não pode ser alcançado por um ato de vontade. No entanto, Ali estava tentando. Ele treinara por meses.

A ironia era que houve um tempo em que ele sempre estava em boa forma. Antes de sua segunda luta com Liston, você podia pegá-lo no meio de qualquer sessão de treino e vê-lo soberbo. Seu corpo não poderia traí-lo. Você seria capaz de definir a felicidade pela forma como ele avaliava sua própria condição. Mas isso fora uma década atrás. Nos três anos desde que o título lhe tinha sido tomado pela recusa em entrar no exército – "Nenhum vietcongue jamais me chamou de 'nigger'" –, ele levara todo tipo de vida, menos a de um lutador; deu conferências, subiu ao palco em Nova York como ator, viajou, descuidou do corpo. Ele se divertiu. Desde então, treinava de olho na diversão que teria tão logo terminasse o treinamento de cada dia. Na noite anterior à sua primeira luta contra Norton, com as mãos doendo de artrite, o tornozelo injetado de cortisona, ele foi mesmo assim a uma festa. Na noite seguinte, Norton quebrou seu queixo. Depois disso, Ali se forçou a treinar um pouco mais duro, mas nada era mais penoso em sua vida. Apenas para a segunda luta com Frazier e agora para enfrentar Foreman ele aceitara se submeter ao deprimente suplício de tentar chegar ao auge da forma. Por quantos meses ele labutara em Deer Lake! E até mesmo comeu peixe por causa da artrite e evitou carne. Suas mãos se curaram. Ele conseguia bater no saco de pancadas de novo. Mas então sua energia decaiu. Depois daquela longa temporada de treinamento, sua energia ainda decaía! Algo nas leis cósmicas da violência era por certo carnal, obrigava você a comer carne. Então ele largou o peixe, voltou a comer carne de animais, comeu sobremesas, e o açúcar no sangue voltou ao nível normal. Ele poderia até mesmo enfim estar pronto para entrar na luta que testaria a lógica de sua vida. Agora o adiamento devia parecer uma amputação. Que perigo. Cada célula de seu corpo poderia estar pronta para um motim.

No entanto, ele estava filosófico nesta manhã, 48 horas depois. "Uma verdadeira frustração", ele disse, "uma verdadeira frustração. Mas Alá me revelou que devo considerar isso como minha lição *particular* sobre frustração. Esta é minha oportunidade de aprender a converter a pior das frustrações na maior das forças. Pois a semente do triunfo pode ser encontrada no *tormento* da frustração. Alá me permitiu ver esse adiamento como uma bênção", Ali falou e, com o dedo no ar, acrescentou: "A maior surpresa sempre será encontrada em nosso próprio coração".

Só Ali poderia fazer um discurso desses às nove da manhã e nos fazer crer que acreditava naquilo. "Não obstante", disse Ali, "é *difícil*. Estou cansado de treinar. Quero comer toda a torta de maçã e beber todo o creme doce." Então – seria por estarem aguentando de pé aquele discurso? – o repórter foi formalmente apresentado aos camaradas negros de Ali como "um grande escritor. No'min é um homem de sabedoria", disse Ali. Um sério empecilho à entrevista. Porque, depois dessa apresentação, como poderá Ali não querer ler sua poesia? Por sua vez, um homem de sabedoria poderá desejar ser corajoso, mas, obrigado a encarar tais versos, adotará o culto dos covardes. Como No'min se esquiva do desejo de Ali por uma crítica dos poemas! Todo princípio literário é engolido enquanto Ali recita – em pecado estético, equivale a aplaudir o projeto urbano de Nsele.

Mais uma vez, no entanto, a poesia não é tosca, mas deriva da fonte misteriosa de Ali. De um maço de umas cem páginas, cada página tomada de tal forma por sua grande caligrafia que menos de cinquenta palavras ocupam uma folha inteira, Ali fala do coração. É um poema curioso. De novo, é difícil decidir quanto da linguagem vem dele, mas é certamente um poema sobre a natureza do coração. Ele o declama como um sermão, soando de fato como um garoto precoce de treze anos admirado pela capacidade de subir ao altar e falar tão alto quanto um adulto. O poema explora as categorias do coração. Há o coração de ferro, que deve ser colocado no fogo antes que qualquer mudança possa ser efetuada nele, e o coração de ouro, que reflete a glória do sol. Conforme a atenção vai se perdendo, só se ouve de passagem menções a corações de prata e cobre e pedra e ao covarde coração de cera que derrete perante o calor (embora uma intenção superior possa lhe dar qualquer forma útil). Então Ali fala do "coração de papel que voa como uma pipa no vento. Você pode controlar o coração de papel contanto que o barbante seja forte o suficiente para segurá-lo. Mas quando não há vento ele cai".

Alguém tenta uma brincadeira. Sugere-se que Ali tem decerto um coração de ferro. Ali se mostra surpreso. Ele se vê com um coração de ouro. Agora o silêncio acompanha a leitura.

"São belos sermões", diz Norman. "Quando você enveredar pela carreira de sacerdote, serão perfeitos para o que você pretende fazer." Seus intestinos o punem imediatamente por tamanha hipocrisia. Além disso, a ausência de comentário direto não melhora o humor de Ali. A manhã perde o foco. Como não haverá treinamento ao longo do dia, Ali está inquieto. "Talvez eu faça um pouco de aquecimento", ele diz. "Essa gente da África gosta de me ver, e o adiamento foi um choque para eles. Talvez os ânimos fiquem um pouco mais aliviados se eu mostrar que ainda estou treinando."

"Você pretende ficar aqui até a luta?"

"Ah, não tenho nenhuma intenção de me mudar. Meu lugar é aqui, com meu povo." Haviam corrido rumores de que nem Ali nem Foreman estavam autorizados a deixar o Zaire. Era certo, de qualquer maneira, que soldados cercavam a vila de Foreman. Nos momentos que se seguiram ao corte do campeão, o homem de Mobutu em Nsele, Bula Mandungu, tentou abafar a história somente para descobrir que a novidade já havia tomado o rumo da América por meio da única máquina de telex que seus assistentes haviam esquecido de desativar. Bula, cujos olhos diminutos ofereciam as diminutas boas-vindas de um homem que portara um coldre no quadril por vinte anos, agora repreendeu a imprensa. "Vocês não devem divulgar isso", falou. "Isso será entendido de modo equivocado em seu país. Sugiro que vocês esqueçam essa história. O corte não é nada. Vão nadar. Foreman provavelmente volta aos treinos amanhã." Bula acumulara três anos na Alemanha Oriental e quatro em Moscou, algo que pode ter moldado seu estilo de conversação. "Os americanos são histéricos", ele disse. "Eles sempre dramatizam as coisas."

Um valente funcionário do Departamento de Estado emprestou a limusine preta da Embaixada Americana para alguns repórteres, de modo que pudessem se dirigir à vila de Foreman, a seis quilômetros de distância. Na chegada, porém, os repórteres foram impedidos de sair do carro. Na varanda, o manager de Foreman,

Dick Sadler, não parava de acenar para que eles entrassem, mas o segurança que parou o carro foi rápido em dizer: "Vocês estão incomodando o campeão".

"Não estamos, não. Você não está vendo que o manager dele está acenando para nós?", disse John Vinocur, da Associated Press.

"*Eu* estou ficando incomodado", disse o segurança, fazendo sinal para seus guardas. Eles se aproximaram com submetralhadoras Uzi, produto de um antigo flerte com os israelenses. Visto que Mobutu também era conhecido por seu pagode chinês nacionalista e comunista, por casas particulares na Bélgica, em Paris e em Lausanne, por contas bancárias na Suíça, por seu atual flerte árabe e pela notável benevolência em Kinshasa por parte da CIA, cuja fama era de ter provocado o golpe que o colocara no poder, não era injusto pensar no presidente do Zaire como um eclético. (Verdade: que vaso de centro ele era em matéria de ecletismo!) Os repórteres saudaram tamanho virtuosismo afastando aquela limusine oficial americana com sua ostentada bandeira americana das Uzis israelenses nas mãos dos guardas negros da segurança de Mobutu. Agora a piada nas mesas da imprensa era que os fuzileiros navais dos Estados Unidos teriam de invadir o Congo para que Ali pudesse ser libertado.

Mas o tempo passou sem grandes acontecimentos na sala do mobiliário Lixo Chique. Pessoas entravam na vila e saíam. Ali se sentou numa das cadeiras de imitação de veludo verde e deu uma entrevista, depois outra. Analisou o corte de Foreman e também o efeito dele sobre Foreman. "Ele nunca tinha se cortado. Costumava se achar invencível. É certo que isso machuca." Análise concluída, Ali passou por uma entrevista com um repórter africano e discorreu sobre sua intenção de viajar pelo país depois da luta. Falou de seu amor pelo povo zairense. "São pessoas doces e trabalhadoras e humildes e boas."

Hora de partir. Se quisesse pegar o avião, era hora de dar tchau para Ali. Então ele se sentou ao lado do lutador, esperou um minuto e disse algumas palavras de despedida. Talvez a ideia da partida de alguém tenha produzido a resposta inesperada. Ali murmurou nitidamente: "Preciso sair deste lugar".

Podia o repórter acreditar no que ouvira? Ele se inclinou à frente. Era o mais perto que jamais haviam ficado. "Por que você não sai num safári por alguns dias?"

Com essa observação, perdeu o resto de sua exclusiva. Por que não dissera simplesmente "Sim, é dureza"? Tarde demais ele reconheceria que era preciso abordar a psique de Muhammad com a mesma cautela com que você se aproxima de um esquilo.

"Não", disse Ali, repelindo para longe de si qualquer tentação de coçar a nova comichão, "vou ficar aqui e trabalhar para o meu povo." O boxe é a exclusão da influência externa. Uma disciplina clássica.

Norman voltou para os Estados Unidos sem quaisquer impressões otimistas quanto à luta vindoura.

3. O milionário

Bem, nosso homem de sabedoria tinha um vício. Ele escrevia sobre si mesmo. Descrevia não apenas os acontecimentos que via, mas também seu próprio pequeno efeito sobre os acontecimentos. Isso irritava os críticos. Eles falavam de ego trips e das dimensões pouco atraentes de seu narcisismo. Essas críticas não doíam muito. Ele já tivera um caso de amor consigo mesmo e isso consumira um bocado de amor. Já não achava tão agradável sua própria presença. Suas reações diárias o entediavam. Estavam ficando parecidas com as reações de todos os outros. Sua mente, ele percebia, estava começando a girar em falso, por vezes parecendo se repetir pela simples servidão de sustentar hábitos medíocres. Se agora ele estava ponderando que nome deveria usar em seu texto sobre a luta, não era por excesso de ego literário. Era mais, na verdade, pela preocupação quanto à atenção do leitor. Dificilmente seria prazeroso acompanhar um longo texto de prosa se o narrador aparecesse apenas como uma abstração: O Escritor, O Viajante, O Repórter. Isso é infeliz de um jeito bem semelhante ao fato de que ninguém gostaria de viver com uma mulher durante anos pensando nela como A Esposa.

Não obstante, Norman estava certamente se sentindo modesto em seu retorno a Nova York e achou que poderia muito bem usar seu primeiro nome – o que era normal no mundo do pugilismo. Na verdade, sua cabeça estava tão decididamente vazia que a alternativa era escrever o texto sem usar um nome. Nunca sua sabedoria lhe parecera mais invisível, e essa é uma condição razoável para o anonimato.

No entanto, de volta a Kinshasa um mês depois, muito havia mudado. Agora ele tinha um bom quarto no Inter-Continental, assim como todas as figuras da comitiva de Foreman, o campeão, o manager, os parceiros de sparring, os parentes, os amigos, os qualificados treinadores – estamos falando de nada menos que Archie Moore e Sandy Saddler –, todos do séquito estavam lá. Alguns da comitiva de Ali também estavam registrados, mais notavelmente Bundini, que mais tarde travaria batalhas verbais no saguão com o pessoal de Foreman. Que batalhas! Ainda esperam ser descritas. Os promotores da luta também estavam no Inter-Continental, John Daly, Don King, Hank Schwartz. Big Black, o grande percussionista de conga da comitiva de Ali, era outro hóspede. Entrevistado por um repórter britânico que lhe perguntou o nome de seu tambor, ele respondeu que era uma conga. O repórter escreveu Congo. O censor zairense mudou para Zaire. Agora Big Black podia dizer em entrevistas que tocava zaire.

Sim, um clima diferente. A comida era melhor no Inter-Continental, bem como as bebidas. O saguão se movimentava em fácil convívio entre negros e brancos. Músicos que permaneciam após o festival de quatro semanas antes, operadores à margem da promoção, especialistas em lutas, trambiqueiros e até mesmo alguns turistas se misturavam com burocratas africanos e empresários europeus de passagem. Empregados dos cassinos, homens e mulheres, vinham dar uma olhada e se misturavam aos jovens do Peace Corps e a representantes corporativos de cartéis. Dashikis, jaquetas de safári e ternos risca de giz passavam pelo saguão. Os relações-públicas logo adotaram a expressão "sala de estar de Kinshasa". Era um saguão muito peculiarmente agradável, embora o marrom outonal e o laranja pastel de tapetes, cadeiras de vime, paredes, luminárias e sofás não fossem diferentes do marrom outonal no Indianapolis Hilton ou no Sheraton Albuquerque. Na África, funcionava. Um tantinho de conforto material valia ouro em Kinshasa. Os elevadores velozes faziam zap! As frituras eram ovos! Os táxis chegavam rápido. Mesmo assim, a movimentação feliz derivava mais do fluxo no saguão do que do status das pessoas reunidas. Os colunistas sociais dos desafios de pesos-pesados ficariam cegos procurando um rosto importante o suficiente para ignorar. Mesmo que na noite anterior à luta fossem chegar afinal alguns nomes conhecidos, Jim Brown, Joe Frazier e David Frost para citar três, as velhas celebridades do mundo das lutas estavam ausentes. A turma do boxe, mais George Plimpton, Hunter Thompson, Budd Schulberg e ele próprio constituíam os notáveis. Qualquer ideia de anonimato tinha de ser descartada.

Pois por aqueles dias Norman estava sendo bem recebido pelos negros. Se Ali o apresentara como "um homem de sabedoria" – Ali que o encontrara numa dúzia de circunstâncias ao longo dos anos e nunca deixara bem claro se tinha certeza quanto ao nome dele –, Foreman, por sua vez, disse "Claro que ouvi falar de você. Você é o campeão dos escritores". Don King o anunciou como "uma grande mente entre nós, um gênio". Bundini, mentindo descaradamente, assegurou a todos: "No'min é mais esperto até do que eu". Archie Moore, reverenciado havia longo tempo por No'min, finalmente se mostrava cordial. Um sparring pediu um autógrafo.

Que celebração. Sendo saudado tão calorosamente no retorno à África, sentiu-se afinal libertado das entranhas do azar. Os últimos vestígios da febre desgraçada que o mantivera de cama por uma semana em seu retorno a Nova York haviam desaparecido. Ele estava feliz por se ver de novo na África. Que surpresa. Visto que naquele meio ele não era nem de longe tão lido quanto elogiado, e visto que a comunidade negra americana, com suas curiosas unanimidades de opinião, tão parecidas com ondas psíquicas, andava espalhando palavras de louvor a ele sem nenhuma razão aparente – nenhuma obra recente publicada ou relação extraliterária com negros que mal se aproximasse de livros e artigos escritos dez ou quinze anos antes –, ele afinal percebeu os rematados contornos da ironia. Meses antes, surgira nos jornais a história de um romance que ele estava escrevendo. Seus editores iam pagar um milhão de dólares pelo livro sem ver sequer uma amostra. Se suas velas já estavam queimando fracas na catedral literária dos últimos anos, a notícia da imprensa fez sua parte para acelerar a extinção. Ele sabia que seu badaladíssimo romance (nove décimos não escritos ainda) teria de ser agora duas vezes melhor do que antes para superar essas notícias financeiras. Não se espera de bons escritores que ganhem *fortunas*. Para ele seria enxugar gelo sair protestando por todos os cantos e recantos literários que seu editor de Boston não tinha sido acometido por uma doença degenerativa do córtex, e que o milhão, na verdade, seria pago conforme ele fosse escrevendo algo entre quinhentas e setecentas mil palavras, o equivalente a cinco romances. Considerando-se que ele só estava sendo recompensado quando entregava o trabalho, e que tinha dívidas e um considerável adiantamento já gasto e cinco esposas e sete filhos, e ainda um rolo financeiro atualmente maior do que sua cabeça, então a soma não era tão grande quanto parecia, ele explicava – o milhão, veja bem, era simbólico.

Bem, o mundo literário era construído sobre vaticínios ruins. Por uma boa causa. Se ninguém tivesse pressa em perdoá-lo a menos que seu romance resultasse uma maravilha, talvez isso forçasse seu trabalho a se aproximar de tal categoria. Ele poderia ter tempo para pelo menos analisá-lo.

Aqui na África, no entanto, a história era outra. Assim que o assunto do milhão chegou às agências de notícias, seu nome, em toda a comunidade negra, passou a ser *sublinhado*. No'min Milhão era um homem capaz de ganhar uma bolada usando a cabeça. Sem tirar sangue! Ele não precisava levar pancada na cabeça nem espancar a *sua* cabeça. Esse sujeito só podia ser o campeão literário. Ganhar um milhão sem correr riscos – respeita o cara! Assinar contrato por uma quantia que os campeões dos pesos-pesados nunca conseguiram ganhar até que Muhammad Ali apareceu – ora, o elemento otimista da comunidade negra, mirando agora todos os horizontes comerciais da América, começou a contemplar a escrita. Fica perto do cara, todo mundo dizia. Quem sabe alguma coisa sobra pra nós!

Outrora ele teria se sentido péssimo em poder prosperar com tais valores. Mas seu caso de amor com a alma negra, uma orgia sentimental do pior nível, levara uma surra na época do Black Power. Ele não sabia mais se amava os negros ou se nutria um secreto desgosto por eles, o que só podia ser o segredo mais sujo de sua vida americana. Parte do infortúnio da primeira viagem à África, parte daquele ódio irracionalmente intenso dirigido a Mobutu – até uma foto do presidente com suas bochechas rechonchudas e óculos de aro grosso deflagrava invectivas dignas de um professor de Harvard contemplando uma imagem de Nixon –, era decerto um disfarce para a raiva que ele estava sentindo dos negros, quaisquer negros. Andando pelas ruas de Kinshasa naquela primeira viagem, passando por multidões negras que o ignoravam com tamanha indiferença que o inferiorizado agora era ele, Norman entendeu o que era ser encarado como invisível. Ele também chegaria bem perto, se não tomasse cuidado, da animosidade terminal de um Idoso. Como seu ódio fervia na busca de uma desculpa justificável! Quando a crua evidência da África por fim superou aquelas novas sensações preconceituosas (quando uma viagem por quilômetros de rodovia mostrou milhares de zairenses esguios e provavelmente famintos correndo como novos habitantes de favelas atrás de ônibus superlotados e mesmo assim, em alguma absoluta afirmação de estética, em algum imprimatur da sagrada e final afirmação da linha do corpo humano, aqueles negros ainda conseguiam demonstrar em silhueta, parados na fila do ônibus, quase todos aqueles mil africanos escuros e esguios, uma solidão incorruptível, uma dignidade de mudez pétrea, certa dignidade africana que ele nunca vira em sul-americanos, europeus ou asiáticos, certo senso trágico e magnético do eu, como se todos e cada um sozinho carregassem o continente como um halo de tristeza sobre suas cabeças), então ficou impossível não sentir a vida inigualável da África – mesmo que Kinshasa estivesse para uma floresta tropical como Hoboken para Big Sur –, sim, impossível não captar o que todo mundo vinha tentando dizer sobre a África por cem anos, o grande Papa Hemingway na frente da fila: porra, que lugar sensível! Nenhum horror deixava de propagar seu eco por milhares de quilômetros, nenhum espirro jamais se libertava da folha que caía do outro lado da colina. Assim ele não já não podia detestar os zairenses ou sequer estar certo de condenar os próprios opressores negros da população, e então sua animosidade trocou de continente para os negros americanos com sua arrogância, seu jargão, seus trajes étnicos mordazes, sua alma de gato estridente, seu som de órgão de estremecer o testículo e seus novos e vomitórios egos negros como a escória de todo o monte alienado de lixo compacto dos Estados Unidos; então ele soube que tinha vindo não apenas para cobrir uma luta, mas também para investigar um pouco mais seus próprios sentimentos desmesurados de amor e – seria possível? – puro ódio pela existência de negros na Terra.

Não, ele mal ficou surpreso quando sua doença fulgurou no retorno aos Estados Unidos, e ele passou por uma semana e depois dez dias de total detestação de si mesmo, uma febre sem fantasias, uma doença sem terror, pois sentia como se sua alma tivesse expirado ou, pior ainda, fugido. Era aviso suficiente para lhe transmitir uma mensagem. Saiu da cama com a determinação de aprender um pouco sobre a África antes de voltar, um impulso saudável que lhe trouxe sorte (por outro lado, não apostamos sempre na ideia não admitida de que um retorno da nossa sorte significa um retorno da nossa saúde?). Depois de algumas consultas, foi à livraria University Place de Nova York, uma definição operante da palavra *covil*, no oitavo ou nono andar de um velho e resfolegante prédio de escritórios abaixo da Fourteenth Street – o cheiro das catacumbas em suas pedras –, para encontrar na saída do elevador, entre caixas de papelão, poeira e aparas, uma pilha de livros junto à qual um funcionário grandalhão, loiro com costeletas desgrenhadas, trabalhando sozinho, assegurou ao novo cliente que ele certamente poderia pagar por todos aqueles livros impostos a ele, pois afinal de contas ele ganhara o milhão, não é mesmo, uma excursão que seria inútil descrever não fosse pelo fato de o funcionário ter escolhido os livros, todos com títulos desconhecidos. Haveria um parágrafo de rádio em toda aquela lama de rejeito geográfico, político e histórico? Sua sorte apareceu; não um parágrafo, mas um livro: *A filosofia bantu*, do padre Tempels, um holandês que havia trabalhado como missionário no Congo Belga e extraído a filosofia da linguagem das tribos em meio às quais viveu.

Levadas em conta algumas de suas próprias ideias, a excitação de Norman não foi pequena enquanto ele lia *A filosofia bantu*. Pois ele descobriu que a filosofia instintiva dos membros das tribos africanas não estava nada longe da dele. A filosofia bantu, Norman logo aprendeu, via os humanos como forças, não como seres. Sem expressá-lo em palavras, ele sempre acreditara nisso. Aquilo provocava uma poderosa mudança de direção em seus pensamentos. Segundo tal lógica, homens ou mulheres eram mais do que as partes de si mesmos, ou seja, mais do que o resultado de sua hereditariedade e experiência. Um homem não era somente o que ele continha, não somente desejos, memória e personalidade, mas também as forças que o tivessem habitado a qualquer momento, vindas de todas as coisas vivas e mortas. Um homem, portanto, não era só ele mesmo, mas o carma de todas as gerações passadas que ainda viviam nele, não apenas um humano com sua própria psique, mas uma parte da ressonância, simpática ou antipática, de cada raiz e coisa (e bruxa) em volta dele. Ele obtinha seu equilíbrio, seu vacilante lugar, num campo de todas as forças dos vivos e dos mortos. Então nunca era difícil encontrar o significado da vida de alguém. A pessoa fazia o seu melhor para viver no empuxo dessas forças de modo a aumentar a própria força. O ideal seria fazê-lo em harmonia com o jogo de todas as forças, mas o início da sabedoria era enriquecer a si mesmo, enriquecer o *muntu*, que era a quantidade de vida no indivíduo, o tamanho do ser humano no indivíduo. Louco. Voltamos ao calvinismo dos escolhidos, em que o homem com mais posses é escolhido, o homem da força e da riqueza. Estamos certamente no gueto em que você não invade outro território. Somos aliados a todo orgulho de propriedade e autoenriquecimento. De volta aos tendões primitivos do capitalismo! A filosofia bantu, contudo, não é tão primitiva. Ela pode oferecer uma visão mais sinistra: talvez seja mais nobre. Pois se somos nossa própria força, também somos servos das forças dos mortos. Portanto, temos de ser audazes o bastante para viver com todas as forças mágicas à solta entre os vivos e os mortos. Isso nunca é livre de horror. É preciso bravura para viver com beleza ou riqueza se pensarmos nelas como uma existência ligada às mensagens, às maldições e à lealdade dos mortos.

Na presença de uma mulher trajada com requinte, um africano pode fazer mais do que saudar o aumento de poder conferido à mulher pelo elaborado vestido. Aos olhos dele, ela também teria assumido a força que vive no próprio vestido, o *kuntu* do vestido, que tem sua própria existência. Ele também é uma força no universo de forças. O vestido é como o incremento de poder que um ator sente quando entra em seu papel, quando percebe a existência separada do papel conforme o absorve, como se o papel tivesse permanecido *lá fora*, esperando por ele no escuro. Então, é como se ele incorporasse certa medula das cavernas esquecidas. É por isso que alguns atores precisam atuar para não enlouquecer – eles mal conseguem viver sem a clareza daquele momento em que o papel retorna.

Eis um trecho de *O bebedor de vinho de palmeira*, de Amos Tutuola:

> Conhecemos "Risada" pessoalmente naquela noite, porque, com cada um deles tendo parado de rir de nós, "Risada" não parou por duas horas. Com "Risada" rindo de nós naquela noite, minha esposa e eu esquecemos nossas dores e rimos com ele, pois ele estava rindo com vozes curiosas que nunca ouvíramos antes em nossa vida [...] então, se alguém continuar a rir com o próprio "Risada", ele ou ela deitará ou desmaiará de imediato devido ao riso prolongado, porque rir era sua profissão.

Quando a risada revela tamanho poder, o que pensar da atitude africana em relação à luxúria, o inevitável kuntu da *foda* – sim, cada palavra terá sua relação com os elementos primitivos do universo. "A palavra", afirma um sábio dogon chamado Ogotemmêli, "é água e calor. A força que leva a palavra sai da boca num vapor d'água que é tanto água como palavra." Nommo é ao mesmo tempo o nome da palavra e o espírito da água. Nommo vive, portanto, em toda parte: no vapor do ar e nos poros da terra. Visto que a palavra é igual à água, todas as coisas são efetuadas por Nommo, a palavra. Até o ouvido se torna um órgão do sexo quando Nommo entra: "A boa palavra, tão logo é recebida pelo ouvido, segue diretamente para o órgão sexual, onde rola no útero [...]".

Que estimulante! Esse pequeno e belo livro, *A filosofia bantu*, e depois uma obra maior repleta de guloseimas intelectuais, *Muntu, the New African Culture*, de Janheinz Jahn, iluminam suas últimas horas em Nova York, o voo no avião – uma noite e um dia! –, suas segundas impressões de Kinshasa. Trouxeram de volta um reconhecimento de seu antigo amor pelos negros – como se as mais profundas ideias que já houvessem penetrado sua mente lá estivessem porque os negros existiam. Também trouxeram de volta todo o antigo medo. O gênio misterioso daqueles negros rudes, disruptivos e – direto ao assunto! – totalmente indigestos. Que barulho eles ainda faziam nos restos de sua mente literária, que buzinaço, gritaria e berreiro, que promessa de esquecimento com o virar de uma carta.

Como seus preconceitos se manifestavam! Quanto ressentimento havia se desenvolvido contra o estilo negro, o esnobismo negro, a retórica negra, os cafetões negros, super isso e super aquilo, e toda aquela manha que eles tinham no trato com as vadias. O orgulho que os negros sentiam de suas habilidades como cafetões! Uma ira pelo desgoverno de sua própria existência sensual agora pesava sobre ele, uma tristeza pelo modo como a generosidade de sua mente parecia determinada a se contrair à medida que ele envelhecia. Ele não conseguia de fato juntar forças para aplaudir a emergência de um povo poderoso no centro da vida americana – ele tinha inveja. Eles tinham a sorte de ter nascido negros. Norman sentia uma raiva muito particular pela complacência profissional da autocomiseração negra, toda uma raiva perante o poder rítmico daquelas vozes intimidadoras, um ressentimento afinal contra os valores deles, aquela eterna ênfase na centralidade – "Eu sou o verdadeiro galo do pedaço, o mais macho, o punho mais feroz. Eu sou um cara *matador*. Melhor vocês saberem disso, seus filhos da puta".

No entanto, mesmo enquanto se entregava a essa inveja, ele sentia um curioso alívio. Pois havia chegado a uma conclusão útil. Quando o negro americano foi arrancado da África, foi também despojado de sua filosofia. Portanto, sua violência e sua arrogância podiam ser, outra vez, um assunto razoável para interpretação. Bastava pensar na tortura. Tudo na filosofia africana era da raiz, mas a filosofia tinha sido desenraizada. Que transplante decepado e superestimulado era o negro americano. Sua visão de vida provinha não apenas de sua lívida experiência na América, mas também dos fragmentos de suas crenças africanas perdidas. Portanto ele era alienado não de uma só cultura, mas de duas. Que ideia um afro-americano poderia conservar de sua herança, portanto, se não a de que cada homem busca o máximo de força para si mesmo? Como vivia num campo de forças humanas que estavam sempre mudando, e mudando dramaticamente, conforme as pessoas conhecidas eram mortas ou presas ou caíam na droga, ele precisava se afirmar. De que outro modo poderia encontrar a vida? A perda de força vital era perda pura, significava menos ego, menos status, menos poder aquisitivo na disponibilidade de beleza. Em comparação com o negro americano, um branco judaico-cristão poderia sobreviver a uma perda de força vital e se sentir moral, altruísta e até mesmo um santo, e um africano poderia se sentir em equilíbrio com as forças tradicionais. Um africano poderia suportar o peso de sua obrigação para com seu pai porque seu pai estava um passo mais perto de Deus na corrente – aquela ininterrupta corrente de vidas que remonta à fonte da criação. Mas o negro americano era sociologicamente famoso pela perda de seu pai.

Não admira que suas vozes chamassem atenção para si! Elas falavam de uma força vital (embora tensa). Um homem pobre sem instrução não era nada sem essa força. Na medida em que a força vivesse dentro dele, ele estaria cheio de capital, capital de ego, e isso era o que ele possuía. Esse era o capitalismo do negro americano pobre tentando acumular mais da única riqueza que podia encontrar, respeito em seu território, o respeito dos lacaios que o cercavam pelo poder de sua alma. Que capitalismo bruto, perscrutador, explorador, competitivo. Que falta de lucro. O establishment propunha imensas restrições para tão imensas febres do ego. Não é surpresa que a vida tribal na América tenha começado a viver entre muros de pedra e drogas. A droga ampliou o sentimento de que uma força poderosa ainda existia dentro do sujeito, e a penitenciária restaurou a velha ideia de que o homem era uma força num campo de forças. Se o contrato social da restrição africana tinha sido a tradição, o negro americano com ideais políticos era agora obrigado a viver em disciplina revolucionária. À medida que ele resistia em suas paredes de pedra, essa disciplina se tornou algo tão pulverizador da alma quanto a busca do boxeador pela melhor condição.

A filosofia bantu provou ser uma dádiva, mas uma dádiva que um escritor talvez não deseje. Não para compreender a luta. Agora havia uma bagagem intelectual nova, suficiente para perder o trem. Norman levaria um pouco dela junto, esperando não ser ganancioso. Pois o boxe peso-pesado era quase todo negro, negro como os bantos. Dessa forma, o boxe se tornava outra chave para revelações do negro, mais uma chave para emoção negra, psicologia negra, amor negro. O boxe peso-pesado também poderia levar à sala no subsolo do mundo em que foram instalados os reis negros: o que era a emoção negra, a psicologia negra, o amor negro? Claro, tentar aprender com boxeadores era uma missão essencialmente cômica. Os boxeadores eram mentirosos. Os campeões eram grandes mentirosos. Tinham de ser. Uma vez que soubesse o que eles pensavam, você seria capaz de atingi-los. Suas personalidades, portanto, viravam obras-primas de ocultação. Haveria limites para o que ele poderia aprender sobre Ali e Foreman com a ajuda de qualquer filosofia. Mesmo assim, ficou grato pela dica. Os humanos não eram seres, eram forças. Ele tentaria olhá-los sob essa luz.

4. Uma turma de campeões

Considerado objetivamente, Foreman era um representante nada pequeno da força vital. Ele saiu do elevador vestindo um macacão e uma jaqueta de brim e entrou no saguão do Inter-Continental acompanhado por um negro de cada lado. Parecia menos um homem do que um leão em posição ereta como um homem. Passava uma impressão de sonolência, mas ao modo de um leão digerindo uma carcaça. Seu rosto largo e atraente (lembrando um pouco uma máscara de Clark Gable ligeiramente achatada) não era amistoso nem hostil, era antes alerta, da maneira como um boxeador permanece alerta em alguma parte de seu íntimo, não importando quão sonolento pareça, uma intensificação talvez comum a todos os bons atletas, de forma que conseguem pegar um inseto no ar com os dedos e, com a mesma facilidade, captam a expressão de um amigo na trigésima fila desde o ringue.

Visto que Norman não costumava ser tão atrevido quanto deveria ser, ocasionalmente ele avançava demais. Mal tinha chegado a Kinshasa de novo e ignorava que não se devia falar com Foreman no saguão e se aproximou dele com a mão estendida. Naquele momento Bill Caplan, que fazia relações públicas para Foreman, correu até o lutador. "Ele acabou de chegar, George", Bill Caplan falou, fazendo uma apresentação.

Foreman então assentiu com a cabeça, abriu um sorriso inesperado e tratou de fazer uma observação gentil quanto ao campeão da escrita com sua voz surpreendentemente suave, que o que tinha de sulista tinha de texana. Seu olhar se aqueceu, como se ele gostasse da ideia de escrever – logo irromperia a notícia de que o próprio Foreman estava trabalhando num livro. Então ele fez um comentário curioso sobre o qual você poderia ficar pensando pelo resto da semana. Era bastante revelador sobre Foreman. "Desculpa eu não apertar a sua mão", ele disse naquela voz tão cuidadosamente abrandada para reter as forças, "mas é que eu vou ficar com as mãos nos bolsos."

É claro! Se as mãos estavam nos bolsos, como ele poderia tirá-las? Mais fácil perguntar a um poeta no meio da escrita de um verso se o café é tomado com leite ou creme. Mas Foreman fez seu comentário com tamanha simplicidade que a ideia pareceu mais amável do que rude. Ele estava dizendo a verdade. Era importante manter as mãos nos bolsos. Igualmente importante manter o mundo à distância. Ele vivia num silêncio. Ladeado por guarda-costas para manter, exatamente, para manter afastados os apertadores de mãos, ele podia se postar entre cem pessoas no saguão sem entrar em contato com ninguém. Sua cabeça estava sozinha. Outros campeões tinham presenças maiores do que eles mesmos. Ofereciam carisma. Foreman tinha silêncio. Aquilo vibrava em silêncio em volta dele. Não vira homens assim por trinta anos, ou mais, talvez? Desde que trabalhara durante um verão num hospital psiquiátrico, Norman nunca mais estivera perto de alguém capaz de ficar tanto tempo sem se mover, mãos nos bolsos, criptas de silêncio para seu aposento privado. Ele cuidara naquele tempo de catatônicos que não faziam sequer um gesto de uma refeição para outra. Um deles, com as mãos contraídas em punhos fechados, ficou na mesma posição durante meses e então explodiu com um soco repentino que quebrou a mandíbula de um assistente que passava. Os guardas informavam sempre aos novos guardas que os catatônicos eram os mais perigosos entre os pacientes. Eram certamente os mais fortes. Ninguém precisava que outros assistentes, no entanto, dissessem isso. Se a postura de um cervo na floresta pode dizer "Eu sou vulnerável, insubstituível, e em breve serei destruído", do mesmo modo a postura de uma catatônico assombra o cérebro. "Contanto que eu não me mova", diz essa postura, "virão para mim todas as forças".

Não era o caso aqui, no entanto, especular se Foreman poderia ser louco. O estado mental de um Campeão Peso-Pesado é consideravelmente mais especial do que isso. Poucos psicóticos conseguiriam suportar a disciplina do boxe profissional. Mesmo assim, um Campeão Peso-Pesado precisa viver num mundo em que as proporções desapareceram. Ele é possivelmente o mais terrível dos assassinos desarmados vivos. Com as mãos, seria capaz de trucidar cinquenta homens antes que ficasse cansado demais para matar mais. Ou seria esse número mais próximo de cem? De fato, um dos motivos pelos quais Ali inspirava amor (e relativamente pouco respeito por sua força) era o de sua personalidade sugerir invariavelmente que ele não machucaria um homem comum, simplesmente se livraria de cada ataque com movimentos mínimos e passaria para o seguinte. Ao mesmo tempo, Foreman transmitia plena ameaça. Em qualquer pesadelo de carnificina, ele bateria sem parar.

Os pugilistas profissionais não treinam, é claro, para matar pessoas à vontade. Pelo contrário, o boxe profissional oferece uma profissão para homens que poderiam, em outra situação, cometer assassinatos na rua. Não obstante, a violência que pode ser gerada num campeão como Foreman é algo desconcertante de se contemplar quando colocado em foco contra outro lutador. Essa violência, convertida numa habilidade especial, valera-lhe o campeonato em sua 38ª luta. Foreman nunca havia sido derrotado. Na noite em que venceu o campeonato, acumulara não menos que 35 nocautes, com as lutas terminando, em média, antes do terceiro assalto. Que recorde inacreditável! Dez nocautes no primeiro, onze no segundo, onze no terceiro e no quarto. Não era preciso pensar nele como psicótico, mas antes como um gênio físico que empregava os métodos da catatonia (silêncio, concentração e imobilidade). Como Ali era um gênio de maneiras completamente distintas, podia-se prever a mais rara guerra de todas – uma colisão entre diferentes encarnações da inspiração divina.

A luta seria, então, uma guerra religiosa. Isso era vantajoso para Ali. Quem poderia dizer que Ali não tinha chances numa guerra religiosa qualquer travada na África? Norman tinha sorrido quando tomara conhecimento do confronto, pensando em maus-olhados, prestidigitadores e forças psicológicas negras. "Se Ali não conseguir vencer na África", comentou, "não conseguirá vencer em lugar algum." O paradoxo de ver o campeão de perto, no entanto, era que Foreman parecia mais negro. Ali não deixava de ter sangue branco, tinha-o até bastante. Algo em sua personalidade era jubilosa e até exuberantemente branco, no estilo de um presidente de fraternidade universitária sulista com um metro e noventa. Às vezes Ali se assemelhava mais do que tudo a um ator branco que não se maquiara o suficiente para o papel e, por isso, não era totalmente convincente como negro, só uma das oitocentas pequenas contradições em Ali; mas Foreman era *profundo*. Foreman poderia ser tomado por africano muito antes de Ali. Foreman estava em comunhão com uma musa. E *ela* também era profunda, certa prima distante da beleza, a musa da violência em toda a sua complexidade. O primeiro desejo da musa da violência pode ser o de permanecer serena. Foreman era capaz de atravessar o saguão como um manifesto viril dos mortos-vivos, atento a tudo, mas imune, em seu silêncio, às poluições casuais das vibrantes mãos de todo mundo que aperta mãos. As mãos de Foreman eram tão separadas dele quanto um kuntu. Eram seu instrumento, e ele as mantinha nos bolsos da maneira como um caçador insere seu rifle de volta no coldre de veludo. O último peso-pesado que lembrava Foreman tinha sido Sonny Liston. Liston inspirava medo num homem só de olhar para ele, seu mau humor soltando fumaça pela invasão da aura de sua pessoa. Sua ameaça era íntima – ele podia enterrar um homem pequenino tão depressa quanto um grandalhão.

Foreman, em comparação, bem poderia ter sido um monge contemplativo. Sua violência estava no halo de sua serenidade. Era como se tivesse aprendido a lição que Sonny viera ensinar. Não se podia permitir que a violência se dissipasse; era preciso armazená-la. A serenidade era o recipiente no qual a violência podia ser armazenada. Assim, todos ao redor de Foreman tinham ordem para manter as pessoas afastadas. A ordem era cumprida. Era como se Foreman estivesse se preparando para se defender dos pensamentos de todas as pessoas vivas. Se ele entrasse na arena e a África inteira desejasse sua derrota, então a concentração se tornaria o oceano de sua proteção contra a África. Uma defesa formidável.

Na observação de seu treino, as impressões se confirmaram. Em matéria de boxe, o campeão literário de Kinshasa não passava de um especialista mediano; mediano, por exemplo, era seu conhecimento prévio sobre Foreman. Ele o vira uma vez, quatro anos antes, no decorrer vitorioso de uma decisão duvidosa em dez assaltos contra Gregorio Peralta. Foreman parecia lento e desajeitado. Depois ele nunca mais viu Foreman até o segundo assalto contra Norton. Havia chegado atrasado ao estádio e não viu nada além dos golpes finais no segundo assalto. E isso estava longe de ser uma imagem completa de Foreman.

Mas ao ver George no ringue em Nsele ficava óbvio que ele ganhara sofisticação. Tudo em seu treinamento apontava para essa luta. Seu manager, Dick Sadler, atuara no boxe praticamente a vida toda. Archie Moore e Sandy Saddler, juntamente com Sugar Ray Robinson, eram precisamente os três lutadores que proporcionavam os mais brilhantes exemplos de técnica contra os dons em desenvolvimento de Ali. Foreman era um campeão, portanto, cujo treinamento estava sendo planejado por outros campeões; era uma oportunidade para observar como podiam funcionar algumas das melhores mentes do boxe.

Contra os perigos da África e da histeria em massa, o antídoto já era evidente; silêncio e concentração.

Se a África não era a única arma de Ali, a psicologia devia ser a próxima. Tentaria ele punir a vaidade de Foreman? Nenhuma atividade física era tão vaidosa quanto o boxe. Um homem entra no ringue para atrair admiração. Em nenhum esporte, portanto, você poderá ser mais humilhado. Ali não mediria esforços para fazer com que Foreman se sentisse desajeitado. Se em sua versão mais temível Foreman lutava com aspecto e força de leão, na pior das luzes ele lembrava um boi. Desse modo, o primeiro objetivo do treinamento era trabalhar o senso de graça de Foreman. George estava sendo ensinado a dançar. Embora ainda estivesse feliz da vida no foxtrote, e Ali já se situasse eras à frente do frug, do monkey, do jerk ou da dança que fosse, Foreman agora era capaz de deslizar pelo ringue, e era disso que ele precisaria. O treino começou com um método de relaxamento que outros lutadores não empregavam. Foreman se postou no centro do ringue, meditando, quando uma música estranha e extraordinária começou a tocar no sistema de som do ginásio. Era pop. Mas a coisa mais ambiciosa que a música pop jamais poderia ser; sons reminiscentes de Wagner, Sibelius, Mussorgsky e vários compositores eletrônicos entravam na mistura. A natureza despertava ao amanhecer – na primeira suposição quanto ao tema –, mas que natureza! As bruxas de Macbeth encontravam os deuses de Wagner numa aurora espasmódica. Demônios abundavam. Em cavernas ferviam vapores. Árvores rachavam com o grito de um osso quebrado. O chão se abria. Pedregulhos caíam sobre instrumentos musicais. Para dentro desses sons, líricos como um orvalho de música cinematográfica, lentamente o sol se levantava, folhas se sacudiam e as pesarosas palpitações de uma alma dolorida, com o acompanhamento de pancadas em um órgão, preenchiam o vazio que poderia haver naquele barulho.

Foreman estava usando calções vermelhos, camiseta branca, capacete avermelhado e brilhantes luvas vermelhas, num contraste sangrento com a sobriedade de seu humor. Enquanto a música tocava, começou a fazer pequenos movimentos com os cotovelos e os punhos, minúsculos *uppercuts* trancados que mal percorriam três centímetros, pequenos arranques de pescoço, piscadelas dos olhos. Lentamente ele começou a mexer os pés, mas em passos atrapalhados. Ele parecia um gigante começando a se mover depois de um sono de cinco anos. Sem fazer a menor tentativa de se mostrar impressionante, desempenhou uma dança sonambúlica. Quase imóvel, ainda evocava os rugidos abafados daquela natureza fumegante acordando, acordando. Sozinho no ringue com uma imprensa desnorteada e uma plateia totalmente silenciosa de várias centenas de africanos, movia-se como se a transição rumo à velocidade máxima do boxe tivesse de esgotar seu tortuoso tempo. Alguns pesos-pesados eram conhecidos pelo tempo que levavam para se preparar – Marciano costumava fazer cinco assaltos de boxe sombra no vestiário antes de uma disputa pelo título –, mas o aquecimento de Foreman sugeria que ele só conseguia se conectar de novo aos seus reflexos depois de se separar completamente do tempo.

No entanto, conforme a música se tornava menos um poema tonal para Hieronymous Bosch e mais uma insinuação de "*Oklahoma!*" por meio de Mussorgsky – que doces e azedos! –, os pés de Foreman começaram a deslizar, e seus braços, a bloquear golpes imaginários. Avançando, lutava contra a própria sombra e cortava o ringue, lançando golpes com mais força no ar imparável, trabalhando com o sofrimento de todo peso-pesado quando erra o alvo (pois não há soco que perturbe mais o ombro do que aquele que não acerta em cheio – os profissionais podem ser diferenciados dos amadores pela velocidade com que seus troncos absorvem a perda de equilíbrio nesse instante). Então, depois de Foreman ter passado afinal por esses estágios, Sadler desligou a música e Foreman foi para o corner. Totalmente alheio, ficou ali parado enquanto Sadler lubrificava cuidadosamente seu rosto e sua testa para que o sparring subisse. Mas ele já tinha retornado à completa melancolia do isolamento e da concentração.

Ele treinou com Henry Clark por um assalto, tentando não bater forte, mas se divertindo. Suas mãos eram velozes e ele as mantinha bem à frente, colhendo golpes com as rápidas patadas leoninas de suas luvas, depois contra-atacando rapidamente com esquerdas e direitas. Ele tinha muito a aprender nos movimentos da cabeça, mas seus pés eram ágeis. Clark, um peso-pesado negro com cara de querubim e boa reputação (oitavo no ranking dos pesos-pesados), estava sendo manejado com autoridade por Foreman. Clark era um dos favoritos da imprensa (pois era gentil e articulado) e vinha proclamando louvores a Foreman fazia semanas. "George não bate como outros lutadores", ele dizia. "Até um golpe nos braços faz você se sentir paralisado, e isso com luvas pesadas. Ali é meu amigo, e temo que ele se machuque. George é o ser humano mais devastador com quem já estive."

Naquela tarde, porém, a cinco dias da luta, Foreman não estava trabalhando para punir Clark (que estava prestes a lutar a semifinal com Roy Williams), mas, em vez disso, trabalhava o corpo a corpo. Henry tentava segurá-lo, como Ali poderia fazer, e Foreman se desvencilhava, ou o empurrava para trás, depois levava-o para as cordas onde o acertava de leve, recuava e repetia a manobra vindo do centro do ringue. Por alguma razão qualquer – talvez porque Clark, um homem grande, não fosse esquivo o bastante para testar os recursos de Foreman na redução do ringue –, Sadler interrompeu o treino depois de um assalto e botou no ringue Terry Lee, um peso-meio-pesado branco e magro que tinha o rosto sulcado de um trabalhador da construção civil, mas se mostrou rápido como um coelho. Durante três assaltos, Lee fez uma imitação de Ali, recuando em círculo até as cordas, depois rapidamente saltando na outra direção para escapar de George, que dominava o centro do ringue. Terry Lee não era grande o suficiente para suportar os golpes de Foreman, e Foreman não tentou castigá-lo, dando meros tapinhas em Lee ao encurralá-lo, mas Terry fez uma verdadeira exibição mesmo assim, tomando impulso nas cordas para fintar numa direção, recuando para fintar na outra, e aí disparava por qualquer rota de fuga disponível, escapando de uma barreira de cordas apenas para ser encurralado quase imediatamente na seguinte, onde se esquivava, deslizava, levava as mãos à cabeça, jogava-se nas cordas, saltava, fintava, baixava as mãos, corria e tentava se afastar de novo, Foreman o perseguindo com prazer o tempo todo, pois seus reflexos ficavam cada vez mais rápidos.

Enquanto isso, Foreman aprendia novos truques a cada etapa do treino. Numa ocasião, Terry Lee, saltando das cordas, deslizou sob os braços de Foreman como um menino escapando de seu pai, e a plateia africana nos fundos do ginásio rugiu com escárnio. Foreman parecia imperturbável, e até interessado, como se tivesse acabado de entender um truque ao ser enganado, e no assalto seguinte, quando Lee tentou de novo, Foreman soube bloquear a fuga. Quando se observava a talentosa imitação de Ali que Terry fazia, e se via a esperteza e a frequência com que Foreman ganhava terreno nas cordas e o encurralava no corner do ringue, ficava claro que, se Ali quisesse vencer, Foreman teria de ser mais castigado do que jamais havia sido em sua carreira.

Após completar três assaltos com Lee, Foreman saiu do ringue para trabalhar na speed bag. Depois pulou corda. Ele pulava com belos movimentos dos pés, alegre ao som da voz de Aretha Franklin, que cantava "*You Got a Friend in Jesus*". O exercício todo, do início até o pular corda, já durava 45 minutos, o equivalente a uma luta de dez assaltos com descansos de um minuto, e Foreman não parecia nem um pouco cansado. Os pulos na corda eram puro vigor, as solas dos pés batiam no chão com o esplendor das baquetas de um baterista. Foreman se mostrava mais do que gracioso agora – ele se animava com a leveza de seu ágil sapateado.

Dick Sadler, seu empresário, com um boné achatado para trás de sua redonda e grande cabeça negra, mandou encerrar. "Senhoras e senhores", ele anunciou à multidão, "com isso chega ao fim o nosso episódio de hoje. Voltaremos amanhã, fazendo a mesma coisa do mesmo jeito." Ele aparentava estar com um ótimo humor.

Foreman foi quase cordial na coletiva de imprensa que se seguiu. Usando seu macacão, sentou-se a uma mesa comprida com a imprensa ao redor e calmamente se recusou a usar um microfone. Como sua voz era baixa, criava uma dificuldade concreta para os cinquenta repórteres e cinegrafistas reunidos, mas ele estava exercendo direitos territoriais. Seu humor era um fator importante, e ele não queria que algum ruído estridente vindo do microfone ferisse seus sentidos. Sendo assim, microfone recusado e repórteres amontoados, respondeu às perguntas com tranquila inteligência e sua suave voz texana ressonante. Suas respostas criaram um clima saboroso, como se houvesse mais coisas que ele poderia muito bem dizer, mas não diria, de modo a preservar as qualidades da compostura e da serenidade – que também eram saborosas.

Enquanto Foreman falava, um de seus cinquenta entrevistadores – só podia ser o nosso recém-convertido aos estudos africanos – pensava nas *Conversations with Ogotemmêli*, de Marcel Griaule, um belo livro. Ogotemmêli via o dom da fala como algo análogo à tecelagem, já que a língua e os dentes eram a urdidura e a trama nas quais a respiração poderia servir de fio. Sob uma certa reflexão, a ideia não era tão infundada. O que era a conversa, afinal, se não um material psíquico a ser costurado pela mente em outro tecido psíquico? Se a maioria das conversas terminava em farrapos, o mesmo acontecia com a maioria dos tecidos.

Foreman falava com verdadeira noção da delicadeza daquilo que ele poderia estar tecendo, um tecido excelente, forte em sua economia, um pano digno de um homem inteligente e sem instrução que acabou sendo o campeão.

Amostras:

Repórter: "Seu olho me parece bom, George."

Foreman: "Me parece bom também."

Repórter: "O que você acha do seu peso?"

Foreman: "Sendo um peso-pesado, seu peso fala por si."

Repórter: "Você acha que vai nocauteá-lo?"

Foreman (em total relaxamento): "Eu gostaria."

Na onda de humor gerada, Foreman ofereceu um sorriso. Quando o repórter seguinte perguntou o que ele achava de lutar às três da manhã, Foreman deu uma resposta mais longa. "Estando em boas condições", ele disse, "você consegue fazer várias coisas que não conseguiria fazer normalmente. A boa forma o deixa mais flexível. Eu realmente não me preocupo com a hora."

"Ali alega ter enfrentado lutadores mais durões do que você enfrentou."

"Isso", disse Foreman, "pode ser uma vantagem para mim. Eu tenho um cachorro que briga o tempo todo. Mas ele chega em casa sempre detonado."

"Você espera que Ali ataque o olho?"

Foreman deu de ombros. "É bom para qualquer um atacar qualquer coisa, desde que seja possível. O corvo ataca o espantalho, mas foge de pessoas de verdade."

"Ouvimos dizer que você está escrevendo um livro."

"Ah", Foreman falou em sua voz mais branda, "é que eu gosto de manter um registro do que está acontecendo."

"Você tem um tema para o livro?"

"Vai ser sobre mim de um modo geral."

"Pretende publicá-lo?"

Ele ficou pensativo, como se contemplasse as inexploradas terras da literatura que havia pela frente. "Não sei", ele disse, "é possível que seja apenas para os meus filhos."

Repórter: "Os comentários de Ali o incomodam?"

Foreman: "Não. Ele me faz pensar num papagaio que fica repetindo: "Seu idiota, seu idiota". Sem querer ofender Muhammad Ali, ele é igual a esse papagaio. Tudo o que ele diz ele já disse antes."

Perguntaram-lhe se gostava do Zaire, ele pareceu desconfortável e disse, no primeiro sinal de desconforto em sua voz: "Eu gostaria de permanecer pelo maior tempo possível e visitar o país". Se os boxeadores fossem bons mentirosos, talvez ele não fosse um boxeador.

"Por que você está hospedado no Inter-Continental e não aqui?" Foreman retrucou ainda mais rápido: "Bem, estou acostumado com a vida em hotéis. Embora eu goste deste lugar em Nsele." Ele foi salvo por outra indagação. "Ouvimos dizer que o presidente Mobutu lhe deu um leão de estimação."

Foreman retomou seu sorriso. "Ele é grande o bastante para não ser um animal de estimação. É um leão de verdade."

"Você gosta de ser campeão?" Era como se os repórteres tivessem permissão para fazer qualquer pergunta idiota, qualquer que fosse. O problema era que havia todas as razões possíveis para perguntas idiotas. Era quando as pessoas podiam se revelar ao máximo. "Você gosta de ser campeão?"

"Eu penso nisso todas as noites", George disse, e acrescentou numa torrente de amor concentrado por si mesmo que não conseguiu sufocar de todo naquela voz suave, "penso nisso e agradeço a Deus, e agradeço a George Foreman por ter uma *verdadeira* resistência." A inevitável esquizofrenia dos grandes atletas transparecia em sua voz. Como com artistas, para eles é difícil não ver o profissional acabado como uma criatura distinta da criança que o criou. A criança (agora crescida) ainda acompanha o grande atleta e é totalmente apaixonada por ele, um amor imaturo, diga-se.

Mas Sadler, Moore e Saddler tinham lhe ensinado a consertar os erros. Sua voz, por isso, ficou tranquila de novo, e ele acrescentou rapidamente: "Não me acho superior a nenhum campeão anterior. É algo que tomei emprestado, e vou ter que devolver". Ele ficou expansivo. "Até adoro ver a moçada olhando para mim e dizendo 'Aaah, eu acabo com ele', e dou risada. Eu costumava ser assim. Tudo bem. É assim que deve ser." Ele parecia tão feliz com aquela coletiva de imprensa que passou a ser uma força natural na sala, e todos gostaram dele. Ele contrastava com Ali, que, quando havia repórteres por perto, estava sempre obcecado pela mais recente ofensa sofrida por seu status e, assim, matraqueava diante dos jornalistas como um telhado de zinco sacudindo ruidosamente ao vento.

As perguntas prosseguiram. As respostas de Foreman voltavam com o toque aveludado de um macacão gasto. Num único momento ele deu uma pista de como poderia ser quando irritado. Um repórter perguntou o que ele achava da afirmação de Ali sobre ser mais militante do que Foreman no trabalho por seu povo.

George se enrijeceu. A urdidura e a trama estavam emperrando o fio. Sua respiração estava um tantinho constrita. "Não há insinuação", ele disse, "que possa incomodar alguém que seja inteligente. Quanto a Ali ser mais militante..." Mas sua voz se ergueu. "Eu nem penso em coisas desse tipo", respondeu, cortando a pergunta. Era evidente que a raiva se manifestava nele com a mesma facilidade quanto as lágrimas numa criança mimada. Devia existir uma imensa instabilidade em seu domínio da raiva, o que explicava, em parte, seus rituais de concentração. Como um homem que teme cair de lugares altos e fixa os olhos no chão de modo a jamais precisar olhar pela janela, Foreman fixava sua mente na ausência de perturbação.

"É difícil", Foreman disse, "ficar concentrado e ser educado quando nos fazem perguntas que já ouvimos antes." Ele seguia o princípio de que a repetição mata a alma. "Veja, estou me preparando para uma luta. Isso é o que me interessa. Não quero distração. Não tenho briga com a imprensa, mas gosto de manter minha mente trabalhando nas coisas que designei para ela. Veja", ele disse, "você tem que ser cem por cento estável em tudo que faz." E olhou em volta como se quisesse indicar que já falara por tempo suficiente.

"George, uma última pergunta. Qual é a sua previsão para a luta?"

Foreman estava em casa. Era o fim. "Ah", ele disse, numa paródia nem um pouco vaga, "eu sou o maior lutador que já existiu. Eu sou uma maravilha A quinta maravilha do mundo. Sou mais rápido até do que Muhammad Ali. E vou nocauteá-lo em três... dois... um." Ele deixou seus olhos rirem. "Farei o meu melhor", disse. "Essa é a minha única previsão."

Depois fizeram algumas perguntas para Dick Sadler. Baixo, atarracado, com cerca de sessenta anos, cabeça calva, nariz achatado e uma boina preta na cabeça calva, o empresário de Foreman era durão, embora roliço, e formidável em suas feições, que pareciam um mapa cheio de alterações – Sadler sabia como a carne é maltratada no mundo real. Como ele também era uma mistura de toda a astuta sabedoria comportamental advinda da fertilização cruzada dos vários establishments negros – prisão, boxe, música, até mesmo a oratória pessoal –, Sadler, se fosse ator, poderia ter interpretado qualquer papel, desde um sujeito confiável numa turma de detentos até um mestre de cerimônias idoso. Poderia ter sido dançarino ou comediante, e já fora ambos; poderia tocar piano ou trompete, e tocara. Era versátil e tomara consciência disso aos nove anos, quando atuou na série de comédia *Our gang*. Mesmo agora, suas feições faziam lembrar rostos clássicos como Louis Armstrong ou Moms Mabley; a boca de Sadler estava sempre procurando digerir o gosto do último comentário em seus lábios – quase sempre algo original, pois ele nunca precisou dizer a mesma coisa duas vezes. Apesar disso, fazia questão de dizer a mesma coisa quando falava com a imprensa: "A repetição é a segurança dos idiotas", seu olhar sarcástico afirmava, e ele desenvolvia seus discursos. "George", Sadler disse a eles então, "vai manter o pé esquerdo entre as pernas de Muhammad. Uuuh!", fingiu dor. "É onde George deveria estar. Batendo no rim, batendo no coração, batendo no rim de novo. Uuuh! George faz mais coisas do que Muhammad. Bate melhor, é melhor em tudo, é mais rápido e mais completo. George sabe se esquivar, George sabe se defender, George te pega por dentro, te gira, te acerta no lado da cabeça. Você se dá conta ou talvez nem se dê conta." Sadler calou-se, baixou os olhos e se deixou cambalear como um bêbado. "As pernas vão se dar conta."

Questionado se poderiam ocorrer mudanças de última hora no treinamento ou na estratégia de Foreman, Sadler deu de ombros diante da insipidez da pergunta.

"Eu venho fazendo isso por muitos anos com uma turma de campeões. Não estamos preocupados. Não precisamos mergulhar na minha *intuição* no último instante. Ali pode correr, mas sem dúvida não pode correr por muito tempo. Estamos confiantes. Não haverá surpresas. Essa deverá ser a luta mais fácil que George vai ter." Ele acenou com a cabeça para a imprensa e partiu com seu lutador. "Abram alas para todo este talento", fritou ele.

Parte daquilo ficou claro no modo como ele fez Foreman trabalhar no dia seguinte. Não houve boxe, nada de sparring extravagante, apenas os sons sinistros da música de natureza de Foreman ("*I Love the Lord*" – Donny Hathaway), e, passados quinze ou vinte minutos de relaxamento, meditação e uma série socando o ar, Foreman foi trabalhar no saco de pancadas. Sadler ficou segurando o saco, um exercício rudimentar geralmente aplicado a principiantes que precisam antes de tudo aprender a socar um objeto imóvel. Mas Foreman e Sadler estavam praticando outra coisa.

É um castigo, para um boxeador, fazer um treino longo num saco de pancadas. Machuca os braços, machuca a cabeça, pode lesionar os nós dos dedos se as mãos não estiverem enfaixadas. Grande como um boneco de treino, o saco tem 35 quilos ou mais, e, quando um golpe não é desferido corretamente, o corpo do boxeador estremece com o choque. É como ser derrubado por um adversário inesperado. Um golpe mal dado é suficiente. Então Foreman começou a acertar o saco com esquerdas e direitas. Ele não as desferia devagar, não as desferia rápido, ele as desferia em ritmo constante, botando seu corpo todo em cada golpe, ou seja, estava contraindo e expelindo sua força de quarenta a cinquenta vezes por minuto, pois esse era o número dos golpes desferidos, nem rápidos, nem lentos, mas destrutivos em seu poder. Sadler se inclinava para a frente, abraçado à parte de trás do saco, como um homem montado em um barril numa tempestade no mar. Ele era abalado por cada soco. Seu corpo se sacudia com o impacto. Isso pouco importava, isso fazia parte do show. Quando o impacto do punho de Foreman no outro lado do saco era particularmente pesado, ele grunhia e falava *"Alors"* com admiração.

Cinquenta socos por minuto para um assalto de três minutos. São 150 socos sem descanso. Foreman parava de bater no saco durante o intervalo de trinta segundos permitido por Sadler entre cada assalto, mas Foreman não parava de se mexer. Com o saco solto, ele dançava em volta e lhe dava leves batidas, movendo os pés mais e mais rápido, e, findos os trinta segundos, lá estava Sadler de volta segurando o saco, e Foreman estourando socos nele. Não eram golpes comuns. O Campeão buscava o máximo de potência em soco após soco, assalto após assalto, cinquenta ou cem socos seguidos sem reduzir a potência – ele acabaria desferindo quinhentos ou seiscentos socos naquela sessão, provavelmente a mais pesada série cumulativa de socos jamais testemunhada por um repórter de boxe. Cada um daqueles golpes bastava para esmigalhar as costelas de um atleta comum; qualquer pessoa com músculos abdominais fracos teria a espinha quebrada. Foreman atingia o saco de pancadas com a confiança de um homem capaz de pegar uma marreta e derrubar uma árvore. O saco acabou com um buraco do tamanho da cabeça dele. No desenrolar dos assaltos, o suor de Foreman formou no chão um padrão de gotas com dois metros de diâmetro: pum!, e pam!, e bum!... bam!... bum!..., soavam seus punhos no saco, metódicos, rítmicos e tão previsivelmente hipnóticos quanto o grande golpe vertical de um martelo a vapor cravando uma viga de aço na argila. Dava para sentir a estratégia. Mais cedo ou mais tarde, chegaria um momento da luta no qual Ali estaria tão cansado que não conseguiria se mover, só conseguiria usar os braços para se proteger. Então ele seria como um saco de pancadas. Então Foreman o trataria como um saco de pancadas. Na imensa e maciça confiança daqueles enormes golpes reverberantes, seus punhos rebentariam todas as defesas de Ali, batendo nos antebraços até que eles não pudessem mais proteger Ali. Seiscentos golpes no saco de pancadas; nem um único soco em falso. Suas mãos estariam prontas para sovar cada ângulo da carne encolhida e autoprotetora de Ali, e Sadler, como que lendo a temperatura psíquica da plateia, gritou com sua sábia boca de gárgula, "Não fique paralisado, Muhammad. Ah, Muhammad, não fique paralisado!".

5. Morto no chão

Ali estava espiando. Não havia muito que Foreman pudesse tentar que Ali não visse. Primeiro a treinar todos os dias naquele mesmo ringue, Ali tinha todo o tempo de que precisava para começar seus exercícios ao meio-dia, falar com a imprensa, caminhar os cem metros até sua vila para tomar um banho e depois sair de novo para dar uma olhada em George. Foreman chegava por volta da uma tarde, depois de rodar os setenta quilômetros desde o Inter-Continental, e entrava num vestiário para se trocar. Com frequência, chegava enquanto Ali ainda estava falando com a imprensa. Ao ouvir os sons do séquito de Foreman passando do lado de fora, Ali gritava: "Entra aí, bobão. Eu não vou te machucar".

Foreman exclamava de volta: "Não quero escutar isso".

Ele saía do alcance da voz de Ali, e Ali declarava aos repórteres atentos: "George Foreman quer manter sua mente tranquila porque tem muito com que se preocupar. Ele vai ficar frente a frente *comigo*".

Naqueles dias, Ali parecia mais interessado em falar com a imprensa do que em trabalhar. Certa manhã, não fez mais do que três assaltos leves contra sua sombra. Depois bateu no saco de pancadas por alguns minutos. Talvez Ali já tivesse batido em sacos de pancadas por anos demais, mas ele o fazia com cautela, como se não quisesse cansar muito nem as mãos nem a cabeça. Ele parecia estar economizando suas energias para a imprensa. Estava sempre pronto para um falatório depois de um treino, e havia algo imutável em sua voz – a mesma histeria ouvida dez anos antes pela primeira vez ainda estava presente –, a voz agitada e zombeteira que sempre repelia seus ouvintes brancos, a voz feia que tanto contrastava com seu charme habitual. Dava para sentir Ali trocando a marcha de sua mente ao enveredar naquilo, como se fosse uma transmissão especial usada apenas para coletivas de imprensa, ou para declamar sua poesia, ou para falar sobre seu atual oponente. Nesses momentos, seu tom se tornava áspero. Agudas insinuações de medo e grandes gotas de indignação invadiam sua voz. Quanto mais cômicas se mostravam suas palavras, tanto mais ele se mostrava sem humor. "Por melhor que eu seja", dizia, "vocês me transformaram no azarão. Eu, um artista, um criador, sou chamado de azarão quando vou lutar contra um amador." Ali era majestosamente desdenhoso, mas o contexto provável era o castelo da Afetação, pois ele sabia que todas as suas afirmações eram colocadas imediatamente entre aspas. Algo em sua voz assegurava que nunca se saberia o quanto ele acreditava no que tinha para dizer. Depois de algum tempo, podia-se começar a suspeitar que aqueles discursos servissem como um órgão de eliminação para aliviar o tédio do treinamento; ele lançava seus dejetos psíquicos diretamente em cima da imprensa. Por consequência, não era exatamente divertido estar perto dele. Ao envenenar o ar com seus falatórios, ele passava a ideia de que vivia em pânico permanente. Ele por certo estava sentindo algum medo depois daquelas olhadelas em Foreman no saco de pancadas. Alguma parte de suas entranhas teria de reagir àqueles baques monumentais. Como num contra-ataque, ele reunia a imprensa para mais falatório. A voz, contudo, estava cada vez mais vazia, e havia ocasiões em Nsele nas quais o vazio parecia reverberar de volta, como se ele clamasse "Ouçam, ó, paredes, o som da minha grandeza", e as paredes não escutassem.

Na quinta-feira, cinco dias antes do combate, Ali fez um discurso típico. "Essa luta vai ser não apenas o maior ev*eee*nto do boxe, ela vai ser o maior ev*eee*nto da história do mundo. Vai ser a maior virada de que alguém já ouviu falar, e para os ignorantes em boxe vai parecer o maior dos milagres. O público do boxe é formado por tolos e analfabetos quanto ao conhecimento e à arte do boxe. Isso acontece porque vocês aqui, que escrevem sobre boxe, são ignorantes quanto àquilo que tentam descrever. Vocês, escritores, são os verdadeiros tolos e analfabetos. Vou demonstrar – de modo que vocês tenham algo novo para suas colunas – por que motivo eu não posso ser derrotado por George Foreman e vou criar o maior transtorno da história do boxe, que vocês, por sua ignorância e tolice como escritores, na verdade criaram. É por culpa de vocês", ele disse, desenhando com os lábios a enunciação absoluta, "que o público do boxe sabe tão pouco e, portanto, acredita que George Foreman é o máximo e que eu estou acabado. Devo demonstrar a vocês, portanto, com evidências científicas, o quanto vocês estão errados. Angelo", ele disse a Angelo Dundee, "me passe aqueles históricos, por favor", e começou a ler uma lista de lutadores que havia enfrentado. A lista evocava a história do boxe peso-pesado nos últimos treze anos. Suas primeiras sete lutas foram contra pugilistas que nunca chegaram a ser bem conhecidos, nomes como Herb Siler, Tony Esperti e Donnie Freeman. "Ninguéns", comentou Ali. Na oitava luta ele se deparou com Alonzo Johnson, "competidor ranqueado", depois Alex Miteff, "competidor ranqueado", Willi Besmanoff, "competidor ranqueado". Então Ali fez uma carranca. "Pela época em que George Foreman estava se iniciando em brigas de rua, eu já estava lutando contra competidores ranqueados, pugilistas hábeis, batedores famosos, homens perigosos! Vejam a lista, Sonny Banks, Billy Daniels, Alejandro Lavorante, Archie Moore! Doug Jones, Henry Cooper, Sonny Liston! Enfrentei todos eles. Patterson, Chuvalo, Cooper de novo, Mildenberger, Cleveland Williams – um peso-pesado perigoso. Ernie Terrell, com o dobro do tamanho de Foreman – botei na lona. Zora Folley – ele saudava a bandeira americana como Foreman, e eu o deixei duro no chão, um boxeador hábil!" A beira do ringue, em Nsele, ficava a um metro e oitenta do chão – eis outro exemplo da tecnologia no Zaire: um lutador que caísse por aquelas cordas poderia fraturar o crânio ao bater no chão –, Ali estava nessa beirada, com as pernas balançando, e Bundini de pé na frente. Parecia que Ali estava sentado em seus ombros. E assim a cabeça de Bundini, rotunda como uma bola, de cabelos cortados rentes e careca no meio, assomava em uma protuberância entre as pernas de Ali. Enquanto falava, Ali deixava as mãos na cabeça de Bundini, como numa bola de cristal (uma bola de cristal negra entre as palmas das mãos!); toda vez que ele dava um tapinha na careca de Bundini em sinal de ênfase, Bundini fitava os repórteres como um feiticeiro amarrado a um tronco. "Para a imprensa eu digo o seguinte", Ali disse. "Enfrentei vinte competidores ranqueados antes de Foreman ter sua primeira luta!", zombou Ali. Como é que a imprensa, em sua ignorância, poderia começar a compreender tal cultura pugilística? "Agora ouçamos Angelo ler a lista das lutas de Foreman." À medida que os nomes iam passando, Ali não parava de fazer caretas. "Don Waldheim." "Um ninguém." "Fred Askew." "Um ninguém." "Sylvester Dullaire." "Um ninguém." "Chuck Wepner." "Ninguém." "John Carroll." "Ninguém." "Cookie Wallace." "Ninguém." "Vernon Clay", disse Dundee. Ali hesitou. "Vernon Clay – *ele* talvez fosse bom." A imprensa riu. Todos riram de novo com o comentário de Ali para Gary "Andarilho" Wiler – "um mendigo". Então vieram mais alguns chamados de "ninguém". Ali disse com desgosto: "Se eu lutasse com esses vagabundos, vocês me expulsariam do boxe." Bundini gritou abruptamente: "Semana que vem seremos campeões de novo." "Cala a boca", Ali falou com um tapa na cabeça dele, "o show é meu."

Quando a lista completa das lutas de Foreman terminou de ser lida, Ali fez o resumo. "Foreman lutou com um vagabundo por mês. Ao todo, George Foreman lutou com cinco homens de renome. Ele derrubou todos os cinco, mas nenhum ficou no chão até a contagem de dez. Dos 29 lutadores que enfrentei, quinze ficaram na lona na contagem de dez." Com todo o orgulho de ter elaborado uma síntese bem organizada e bem-apresentada, Ali agora se dirigiu ao júri. "Eu sou um erudito do boxe. Eu sou um cientista do boxe – isso é uma evidência científica. Vocês a ignoram por sua conta e risco se não lembrarem que sou um mestre da dança, um grande artista."

"Flutua como borboleta, ferroa como abelha!", berrou Bundini.

"Cala a boca", Ali falou com um tapa na careca dele. Então ele lançou à imprensa um olhar penetrante. "Vocês são ignorantes em boxe. Vocês são homens ignorantes. Ficam impressionados com George Foreman porque ele é grande e seus músculos parecem fortes."

"Não são, não", rugiu Bundini, "não são, não."

"Cala a boca", Ali falou com outro tapa.

"Ora", disse Ali, "eu digo a vocês da imprensa: vocês ficam impressionados com Foreman porque ele parece um negro grande e porque bate no saco com muita força. Ele reduz o ringue! Afirmo a vocês que ele não sabe lutar. Vou demonstrar isso na noite da luta. Vocês verão minha esquerda espetacular e o meu chocante cruzado de direita. Vocês vão levar o choque das suas vidas. Porque agora estão impressionados com Foreman. Mas vou lhes contar um segredo. O pessoal de cor assusta mais o pessoal branco do que assusta o pessoal de cor. Não tenho medo de Foreman, e isso vocês vão descobrir."

No dia seguinte, porém, Ali variou a rotina. Não houve coletiva de imprensa. Em vez disso, um drama ocorreu no ringue. De todo modo, o fato de que Ali boxearia hoje era em si um evento. Na última semana e meia, ele havia treinado com sparring apenas três vezes, um programa leve. É claro, Ali treinava fazia tanto tempo que seus companheiros estavam envelhecendo com ele. Na verdade, restava somente um, Roy Williams, o grande lutador escuro e amável que, em Deer Lake, agira como se fosse um sacrilégio atingir seu empregador. Agora Bundini o apresentou à plateia de várias centenas de africanos: "Senhoras e senhores, este é Roy Williams, Campeão dos Pesos-Pesados da Pensilvânia. Ele é mais alto do que George Foreman, ele é mais pesado do que George Foreman, sua envergadura é maior, ele bate mais forte e é mais inteligente do que George Foreman." Bundini era o pai da hipérbole.

Seus comentários foram traduzidos para o público negro por um intérprete zairense. Houve risadinhas e aplausos. Ali puxou agora um canto, *"Ali boma yê, Ali boma yê"*, que significa "Mate ele, Ali" – um velho grito de guerra –, e Ali conduziu seu povo durante o canto, fazendo gestos firmes no ar, como o maestro de um coral de escoteiros, severo, sério, orgulhoso de seus discípulos, só que um sorriso parecia vir daquele teatro. Todo mundo estava contente, e o grito não continha ameaça – nada de canibais saboreando a refeição vindoura ou grunhidos e rosnados –, soava mais como uma arquibancada escolar exigindo o massacre da escola adversária, um tributo ao bom humor de Ali. Ele parecia ter dezoito anos naquela manhã e estava pronto para duelar com Roy Williams.

Os dois, no entanto, mal boxearam. Depois de semanas e meses trabalhando juntos, um lutador e seu sparring são como um velho casal. Fazem amor confortavelmente. Para os casais antigos é uma boa, mas os perigos são óbvios para um lutador. Ele se acostuma a viver abaixo do nível de risco no ringue. Assim, Ali dispensou hoje qualquer ideia de boxear. Ele se agarrou com Williams por um assalto inteiro. No ritmo de Big Black batendo sua conga no chão, um ritmo soturno e pulsante, Ali lutou corpo a corpo pelo ringue todo. "Vou deixar George amarrado e passear com ele, *passear* com ele", disse Ali numa voz alta e sufocada através de seu protetor bucal. "Sim, vou passear com ele." Ocasionalmente ele caía nas cordas e deixava Williams bater, depois o agarrava um pouco mais. "Nós vamos *passear* com ele." Quando o assalto terminou, Ali berrou para um lado do ginásio, "Archie Moore, espião número um, você diga ao George que eu estou voando! Vou castigá-lo ele até ele ficar grogue e aí a tortura vai começar. Guerra! Guerra!", Ali gritou e saiu disparando uma saraivada de swings, um arquétipo da determinação, apenas para, momentos depois, amolecer de novo e acenar para que Williams o golpeasse nas cordas.

"Archie Moore, espião número um", chamou por cima do ombro enquanto Williams o esmurrava.

Ali lutara com Moore havia mais de dez anos. Ainda não era campeão na época, sua fama ainda não era maior do que Cassius Clay, O Insolente de Louisville, e mesmo assim previra que a luta terminaria em quatro assaltos. Archie entrou no ringue com excesso de peso e de idade, mas quase nocauteou "O Insolente" no primeiro assalto. Acertou um poderoso direto, e quando Cassius cambaleou para trás, Moore desferiu uma de suas melhores direitas. Se tivesse acertado, a luta poderia ter acabado, mas Clay, meio inconsciente, conseguiu se esquivar. Depois disso, a luta passou para Cassius. Ao fim do terceiro assalto, as pernas de Moore estavam tão cansadas que ele nem se sentou em sua banqueta. Permaneceu de pé no corner por temer que, uma vez sentado, não teria forças para se levantar e atender ao gongo. Ele não durou, é claro, até o encerramento do quarto, e foi o fim de sua carreira. Archie Moore, com um histórico de algo como duzentas lutas, outrora campeão dos meio-pesados, e duas vezes no ringue pelo título dos pesos-pesados, foi aposentado por Cassius Clay: parte do eco daquela noite transparecia na voz de Ali quando ele gritava "Espião número um!", como se, no fundo, ainda o irritasse a circunstância de que ele, o primeiro discípulo da arte de Moore, encontrasse o velho mestre empregado pelo oponente. Claro, não havia razão para Moore amar Ali, que jamais reconhecera sua dívida artística. Aliás, Archie nunca recebera o devido crédito por sua influência sobre outros boxeadores. Certa vez, em resposta ao lutador irlandês Roger Donoghue, que perguntou como Moore conseguia dar golpes numa posição que mantinha seus braços cruzados na frente do rosto, Archie retrucou: "Você está falando de técnica, Roger, e o que eu faço é filosofia". Moore pode de fato ter levado o boxe à filosofia. Foi provavelmente o primeiro a articular (e ele era espantosamente articulado) que nem todos os golpes fortes eram fortes, nem todas as armadilhas deveriam ser evitadas e nem todas as aberturas deveriam ser aproveitadas, nem todas as exaustões deveriam ser consideradas o esgotamento, tampouco as cordas que pressionam as costas, nenhum corner deixava de oferecer espaço para lutar, nenhuma ida à lona era igual a outra e nenhum paradoxo jamais poderia oprimir sem proporcionar sua força compressora. Moore foi para o boxe o que Nimzovitch tinha sido para o xadrez. (Ali, desnecessário dizer, podia ser comparado a Bobby Fischer quando se tratava de tirar um oponente do sério.)

Naqueles dias, Moore parecia um pomposo professor negro que tocava saxofone nos fins de semana. Seu bigode cinza se curvava em cada lado da boca num afável Fu Manchu, e suas suíças cresciam como costeletas de carneiro – um homem roliço e vistoso no final da meia-idade. Que arrepiante perceber que ele tinha quase sessenta anos e estivera no ringue com Ali.

A presença de Moore como o primeiro filósofo do boxe deve ter encorajado Ali a se revelar como o mestre do oculto no pugilismo. Ele tratou de ser derrubado por seu sparring. Uma queda ritual.

Quando começou o segundo assalto, Ali chamou Williams para espancar sua barriga. Obediente, Williams avançou e atacou a capacidade de Ali de absorver intermináveis golpes no estômago. "Aaah, como dói", Ali gritou de repente. "Como dóóóóói!"

O intérprete zairense falou imediatamente para os negros sentados ao fundo: *"Il frappe dur"*. Ali saiu das cordas e se agarrou de novo com Williams. Enquanto andavam, Ali fez um discurso para Moore. "Teu cara não tem classe", gritou alto e claro através da borracha do protetor, "não sabe mexer os pés. Pensa devagar. O peru está pronto pro abate." Moore sorriu afavelmente, como se respondesse: "Não vou dizer quem é o peru".

Ali voltou para as cordas. Williams o acertou no estômago. Ali desabou sobre um joelho. Um treinador, Walter Youngblood, pulou para dentro do ringue e contou até oito. Ali se levantou e cambaleou. Ele e Williams se assemelhavam, agora, a dois lutadores de sumô com areia nos olhos. "Ele tá me dando nas tripas", Ali grunhiu numa triste voz de lavrador e no golpe seguinte no estômago caiu de novo. "O cara foi derrubado duas vezes", Ali gritou e saltou de pé. O treino de sparring continuou. Também continuaram as idas à lona. Cada uma era ocasião para um discurso. Depois da quarta – ou foi a quinta? – ida ao chão, Ali permaneceu deitado. Para surpresa de todos, Walter Youngblood contou até dez. O clima era horrível. Era como se alguém tivesse contado uma piada absolutamente imunda e que absolutamente não funcionara.

Um peido do diabo. O ar estava podre. Do chão, Ali disse: "Bem, O Insolente teve sua boca fechada. Calaram sua boca pela última vez. George Foreman é o maior. Forte demais", Ali disse com tristeza. "Bateu forte demais. Agora um Ali derrotado deixa o ringue. George Foreman é o indiscutível campeão do mundo".

Os africanos no fundo do ginásio estavam embasbacados. Um silêncio, carregado de medo, emanava deles. Ninguém acreditava que Ali estivesse machucado – eles temiam algo pior. Por meio daquela farsa, Ali dera uma balançada no campo de forças que cercava a luta. Como um morto ele falara do chão. Como um integrante de coro ele oferecera o comentário: "Calaram sua boca pela última vez." A plateia africana reagiu desconfortavelmente, como se suas palavras pudessem estimular forças invisíveis. Dificilmente haveria um zairense na plateia que não soubesse que Mobutu, bom presidente, era não apenas um ditador mas um doutor do oculto, com um pigmeu lhe servindo como feiticeiro particular (distinto devia ser aquele pigmeu!). Se, no entanto, Mobutu tinha seu *féticheur*, quem entre aqueles africanos não acreditaria que Ali também era uma voz poderosa na temível e mágica zona entre os vivos e os mortos? O silêncio que caiu sobre o público (como a quietude numa floresta depois do eco de um rifle) refletia o horror extremo quanto àquilo que Ali poderia estar fazendo se não soubesse o que fizera. Um homem não deve oferecer seus membros à feitiçaria na mesma medida em que não deveria incentivar sua alma a penetrar nas névoas. Quando toda palavra reverbera até o fim da terra, uma palavra fraca poderá trazer de volta um eco para punir o homem que falou; uma ação fraca garante a derrota. Portanto, um homem não deve brincar com sua dignidade a menos que seja apto nas artes da transformação. Será que Ali realmente sabia o que estava fazendo? Estaria ele tentando tolamente queimar alguma mancha em sua alma, e arriscando assim um desastre, ou estaria ele despertando intencionalmente as forças que trabalhavam para a vitória de Foreman a fim de perturbá-las? Quem poderia saber?

Então Ali saltou de pé e tranquilizou o público. "Diga pra eles", pediu ao intérprete, "que isso é só uma palhaçada. As pessoas não verão isso na vida real. Diga que eles podem se animar. Nenhum homem é forte o suficiente ou grande o suficiente pra me derrubar. *Ali boma yê*", falou. "Peça *boma yê* pra eles." Veio a tradução. Uma ovação desanimada. O choque demandaria tempo até a recuperação. Os africanos estavam entorpecidos. Não tente pensar até o pensamento voltar, o estado de espírito deles pode ter dito. Não obstante, gritaram "*Boma yê*". Quem ouvira tamanha confiança como aquela que se podia ouvir do homem no ringue? As leis da mais alta magia deviam estar a seu serviço.

"Otários do papo furado", disse Ali, cantarolando para a imprensa, "ouçam o que eu digo. Quando me virem sacaneando assim, por favor, não apostem contra mim."

Big Black estapeou a conga, e Foreman, naquele momento, passou caminhando no lado de fora. "Há uma guerra acontecendo!", Ali gritou e, com essas palavras, saiu do ringue e se foi para seus aposentos. Houve tempo para recordar o sonho de Ali anunciado várias semanas antes, quando ele chegou ao Zaire. Ele dissera na ocasião que Foreman sofreria um corte no olho. Bundini se vangloriara de que estava urdindo a magia para provocar um corte. Então Foreman se cortou. Mas uma semana antes do esperado. Se Ali e Bundini estavam recorrendo a poderes, seus poderes se mostraram mal aplicados. Será que agora estavam sendo empregados com mais precisão? Havia muita coisa para pensar na semana dessa luta.

6. Nosso Kissinger negro

N'golo era uma palavra congolesa para força, para força vital. Poderia igualmente ser aplicada a ego, status, força ou libido. Indubitavelmente, Ali se sentia privado da parte que lhe cabia. Por dez anos a imprensa vinha surrupiando o n'golo de Ali. Não importava que tivesse tanto quanto qualquer um na América, ele queria mais. Não é o n'golo que você tem, mas o n'golo que lhe é negado que estimula as mais implacáveis histerias da alma. Então ele não ia querer perder aquela luta. Se perdesse, escreveriam os epitáfios de sua carreira, e os mortos não têm nenhum n'golo. Os mortos estão morrendo de sede – é o que diz um velho ditado africano. Os mortos não podem se esbaldar no n'golo que vem com o primeiro gole de vinho de palma, uísque ou cerveja.

As relações de Ali com a imprensa eram incessantes agora. Nunca um lutador pareceu ter tanto respeito pelo poder mágico da palavra escrita. Sua casa de campo com a mobília Lixo Chique estava sempre aberta para inúmeros repórteres, e durante as tardes em Nsele, com o treinamento encerrado para os dois homens, Foreman rodava de volta para o Inter-Continental e Ali descansava em sua sala de estar, com pernas abertas numa poltrona baixa, seus valiosos braços cruzados sobre o peito, e respondia às perguntas dos repórteres sentados ao seu redor, mostrando sua férrea resistência para conversações. Todos os dias ele corria uma maratona com a língua, forte, seguro, sem nunca tropeçar no pensamento de ninguém. Quando surgia uma pergunta para a qual não tinha resposta, ele nem a escutava. Majestoso era o esnobismo de seus ouvidos.

Ele se mostrava, é claro, amistoso com os correspondentes negros – de fato, entrevistar Muhammad era frequentemente o aprendizado deles. Com nenhum outro negro famoso eles tenderiam a receber tamanha cortesia: Ali respondia às perguntas na íntegra. Ele dava respostas a microfones de futuros programas de rádio e a microfones de repórteres com gravadores, ele diminuía a velocidade de sua fala para os jornalistas tomarem notas e relaxava se o sujeito não anotasse nada. Ele estava tecendo um gigantesco saco de estopa, grande o bastante para cobrir a terra. Quando terminasse, botaria o mundo no saco e o levaria sobre o ombro.

Assim, nas tranquilas horas da tarde que sucedeu seu nocaute no treinamento com Roy Williams, Ali retornou a seu cenário favorito e descreveu em detalhes como venceria Foreman. "Uma sessão de ginástica como outra qualquer", falou. "A luta vai ser fácil. O sujeito não vai querer apanhar na cabeça, como Frazier, só pra ganhar. Ele não é tão durão quanto Frazier. Ele é molenga e mimado."

Um jovem negro chamado Sam Clark, que trabalhava para a BAN (Black Audio Network), uma rede de notícias negras destinadas a emissoras de público negro, fez uma boa pergunta. "Se tivesse que aconselhar Foreman sobre como lutar com você, o que você lhe diria?"

"Se", disse Ali, "eu desse ao inimigo um pouco do meu conhecimento, aí talvez ele tivesse o bom senso de recuar e esperar. É claro que até isso eu posso transformar numa vantagem para mim. Eu sou versátil. Mesmo assim, a melhor aposta da Múmia é ficar no centro do ringue e esperar que eu chegue." Mal fazendo uma pausa, acrescentou: "Você já ouviu aquela música *de morte* que ele toca? Ele *é* uma múmia. E eu", Ali disse num risinho, "vou ser a Maldição da Múmia!"

Os assuntos se sucediam. Ele falou de africanos aprendendo a tecnologia do mundo. "Geralmente, você se sente mais seguro ao ver um rosto branco pilotando um avião", disse. "Parece simplesmente que um branco é quem deveria consertar o motor do jato. Aqui, no entanto, eles são todos negros. Isso me impressionou muito", disse. É claro que, quando Ali se mostrava mais sincero, também podia dizer coisas que não pensava. Numa conversa semelhante com amigos, ele havia piscado e acrescentado: "Nunca acredito nessa baboseira de que os pilotos são todos negros. Eu fico procurando o armário secreto onde eles escondem o cara branco até dar problema". Ele piscou, como se esse comentário não precisasse ser mais válido do que o anterior.

"Você vai tentar acertar o corte do Foreman?", perguntou outro repórter negro.

"Eu vou acertar *em volta* do corte", Ali respondeu. "Vou acabar com ele pra valer", acrescentou das insondáveis profundezas de sua indignação, "e quero o crédito da vitória. Não quero que o crédito seja do corte." Ele fez questão de dizer: "Depois da minha vitória, dizem, vou poder lutar por dez milhões de dólares."

"Se for esse o caso, você vai se aposentar mesmo assim?"

"Não sei. Vou pra casa com não mais do que um milhão e trezentos mil. Metade dos cinco milhões vai para o governo, depois meio milhão para as despesas e um terço para o meu empresário. Eu fico com um milhão e trezentos. Isso não é dinheiro. Você me dá cem milhões hoje, amanhã eu estou falido. Temos um hospital no qual estamos trabalhando, um hospital negro sendo construído em Chicago, custa cinquenta milhões de dólares. Meu dinheiro vai para causas. Se eu ganhar essa luta, vou viajar pra tudo que é lugar." Então as conversas separadas se uniram numa só, e ele falou com o mesmo amor muscular pela retórica que um político exibe quando está fazendo seu discurso de campanha e sabe que é um discurso bom. Eis Ali, afinal, em plena oratória. "Se eu ganhar", Ali disse, "serei o Kissinger negro. É algo cheio de glória, mas é cansativo. Toda vez que visito um lugar, tenho que passar nas escolas, na casa dos velhinhos. Não sou apenas um lutador, eu sou uma figura mundial para essas pessoas" – era como se ele tivesse de continuar repetindo aquilo da mesma maneira que Foreman tinha de bater no saco de pancadas, como se os tendões de sua vontade se robustecessem por força do condicionamento oral. A questão crescia sem parar. Seria ele ainda um garoto de Louisville falando, falando toda a tarde, talvez até durante toda a noite, falando através da ansiedade ingovernável de um jovem capturado pela história para entrar no dínamo da história? Ou estaria ele em pleno processo de virar um fenômeno dos mais singulares, um profeta do século XX, e por isso a raiva e o medo de sua voz decorriam de ele não conseguir ensinar, não conseguir convencer, não conseguir convencer? Será que algum dos repórteres fizera uma careta quando ele se referiu a si mesmo como o Kissinger negro? Então, como que para prevenir o escárnio, ele brincou. "Quando você visita esse pessoal todo nessas terras estranhas, você precisa comer. Isso não é tão fácil. Na América eles te ofereçam uma bebida. Um lutador pode recusar uma bebida. Aqui, você tem que comer. Eles ficam magoados se você não come. É uma honra ser amado por tantas pessoas, mas é um inferno, cara."

Ele não conseguia, no entanto, ficar longe de sua missão. "Ninguém está pronto pra saber o que estou realizando", falou. "As pessoas, na América, têm dificuldade pra levar um lutador a sério. Elas não sabem que estou usando o boxe com o propósito de conseguir superar certos pontos que não daria pra superar sem o boxe. Ser um lutador me permite atingir certos fins. Não estou fazendo isso", murmurou afinal, "pela glória de lutar, mas para mudar uma porção de coisas."

O que ele estava dizendo era claro. Era preciso somente aceitar a possibilidade de que Ali tivesse uma grande mente, em vez de uma mente repetitiva, e de que ele estivesse pronto para o caos vindouro, pronto para as perturbações vulcânicas que fervilhariam pelo mundo nos iminentes anos de poluição, mau funcionamento e desastre econômico. Quem fazia ideia do que o mundo ainda veria? Ali estava aquele negro alto e pálido de Louisville, nascido para ser uma espécie moderna de lacaio a serviço de alguma voz branca que recende a uísque, e em vez disso ele vivia com uma visão de si mesmo como líder mundial, presidente não da América, nem mesmo de uma África Unida, mas líder de metade do mundo ocidental, líder, sem dúvida, de futuras repúblicas negras e árabes. Teria Muhammad Mobutu Napoleão Ali ficado cara a cara, por um instante, com as diferenças entre o islã e o bantu?

No choque dessa constatação, de que a seriedade de Ali poderia muito bem estar enraizada no ferro fundido da terra, e de que sua loucura poderia não ser necessariamente tão louca, Norman se aproximou para trocar uma palavra. "Eu sei o que você está dizendo", ele disse para Muhammad.

"Estou falando sério", disse Ali.

"Sim, eu sei que está." Ele pensou no treinamento hercúleo de Foreman e no desprezo de Ali. "É melhor você vencer essa luta", ele se ouviu dizendo, "porque, se não ganhar, você será um professor que faz conferências, nada mais."

"Eu vou vencer."

"Talvez você precise trabalhar como nunca antes. Foreman tornou-se um lutador sofisticado."

"Sim", Ali falou em voz baixa, uma frase para um só entrevistador afinal, "sim", Ali falou. "Eu sei disso." Ele acrescentou com um toquezinho irônico: "George melhorou muito".

A conversa continuou. Intermináveis pessoas iam e vinham. Ali comia enquanto fotógrafos fotografavam sua boca aberta. Desde o tempo em que Luís XV se sentava em sua *chaise percée* e soltava o excremento real no penico real para ser imediatamente levado embora pelo camareiro real, nunca um homem tinha sido tão observado. Nenhum outro político ou líder do mundo se deixaria tão exposto ao escrutínio. Que curiosidade ilimitada Ali podia gerar!

Sob a força de sua própria curiosidade quanto às qualidades da condição de Ali, Norman perguntou se poderia correr com ele naquela noite. Investigando, soube que Ali estaria na cama às nove, ajustando o alarme para as três. Norman teria de voltar à vila nesse horário.

"Você não consegue me acompanhar", disse Ali.

"Nem pretendo tentar. Só quero correr um pouco."

"Apareça", Ali falou e deu de ombros.

7. Longa viagem

Ele poderia voltar para o Inter-Continental, comer cedo e tentar dormir um pouco antes da corrida, mas o sono não costumava aparecer entre oito da noite e meia-noite – além disso, estava fora de questão tentar acompanhar o ritmo de Muhammad. Sua consciência, entretanto (agora ao lado do bom jornalismo), estava lhe dizendo que, quanto melhor sua própria condição física, mais ele seria capaz de compreender a de Ali. Pena que ele tivesse parado com o jogging desde o verão. No Maine, fizera três quilômetros dia sim dia não, mas a corrida leve era uma disciplina que ele não conseguia manter. Com um 1,72 de altura e 77 quilos, Norman era simplesmente pesado demais para gostar de correr. Ele era capaz de correr numa marcha razoável – quinze minutos para três quilômetros era um tempo bom para ele – e, sendo forçado, conseguia correr cinco quilômetros, quem sabe seis, mas detestava. Correr perturbava o caráter do dia. Ele não se sentia revigorado depois, mas superestimulado e irritadiço. A verdade do jogging era que você só se sentia bem quando parava. E ele tratava de lembrar que, com exceção de Erich Segal e George Gilder, ele nunca tinha ouvido falar de um escritor que gostasse de correr – quem ia querer ver o brilho da mente escapar pelos tornozelos?

De volta a Kinshasa, decidiu afinal fazer uma boa refeição com drinques, e, durante o jantar, se divertiu com a ideia de que ele acompanharia Ali na estrada. "Você sabe que precisa ir", disse John Vinocur, da AP. "Eu sei", disse Mailer, em plena melancolia. "Ali não está esperando que eu apareça, mas não vai me perdoar se eu não for." "Isso mesmo, isso mesmo", disse Vinocur, "eu me ofereci para correr com Foreman uma vez e não fui. Ele sempre me lembra disso. Ele menciona o assunto toda vez que me vê."

"Plimpton, você precisa ir comigo", Mailer disse.

George Plimpton não tinha certeza se iria. Mailer sabia que ele não iria. Plimpton tinha muito a perder. Com seu corpo alto e magro de atleta e sua paixão competitiva discretamente soterrada (grande como o Vesúvio, mesmo que sem fumaça), Plimpton teria de acompanhar Ali de perto ou pagar um preço alto pela humilhação, ao passo que seria fácil para Mailer. Se ele não tivesse uma cãibra nos primeiros quinhentos metros, poderia optar pela marca de um quilômetro para se retirar. Ele só esperava que Ali não corresse rápido demais. Seria um inferno para o corredor amador. Com o pensamento de ser aniquilado já na largada, um pouco de bile subiu das bebidas e da comida pesada. Eram apenas nove da noite, mas ele sentiu as forças da digestão como que em estupor em seu estômago.

Mesmo assim, foi uma boa refeição. Eles estavam comendo ao ar livre com o pano de fundo da grandiosidade ultrapassada de um grande hotel decadente. O Palace Hotel. Ele era agora um prédio de apartamentos e oferecia o seu miasma – vinha de vez em quando um bafejo operacional daquilo que os vitorianos chamavam de *cheiro dos canos*. O vaso sanitário do banheiro não tinha assento, um detalhe desnecessário, até mesmo excrementício, não fosse o fato de que nosso homem de sabedoria esperava evacuar adequadamente antes de sair para correr, mas a visão da privada, o assento ausente e as condições indescritíveis acabaram com suas chances. Coisa pior poderia ter sido vislumbrada em inúmeros postos de gasolina americanos, mas nunca como algo tão natural. SANICONGO era o nome da marca da privada, que parecia ter sido instalada a tempo para a coroação do rei Leopoldo. Talvez o vaso tivesse até mesmo seu kuntu, porque, quando ele voltou para a mesa, Horst Faas estava contando histórias sobre o Vietnã, e elas eram no estilo SANICONGO. Faas trabalhava com Vinocur, e sua função – de muita responsabilidade – era garantir que as comunicações da agência Associated Press funcionassem na luta, um pesadelo de telefones, teletipos, telexes, telstars e assistentes histéricos. Ele era um jovem alemão bacana e alegre, cheio de confiança no seu ofício – não apenas um técnico de ponta, mas também repórter e cinegrafista. Tinha sido enviado pela AP para muitas guerras, muitos portos e muitas conferências internacionais: não era de surpreender que também tivesse o tino de jornalista para boas histórias que não podiam ser publicadas. Dessa forma, Mailer e Plimpton souberam pela primeira vez – estejam certos de que ficaram de boca aberta – que, no Vietnã, alguns americanos trabalharam como coveiros voluntários porque eram profissionais da necrofilia e gostavam de fazer amor com partes do corpo humano, não com todo o morto, que seria mais previsível. Faas contou aquilo com a expressão de um homem que já viu de tudo, e que portanto nada mais o chocará, mas mesmo assim descreveu detalhes como exemplos de algo muito radical. No entanto, como se aquela história tivesse sido uma entrada de javali selvagem e fosse necessária uma sobremesa de sorvete de frutas, Faas fez um tocante relato sobre os bordéis administrados pelo Exército dos Estados Unidos, medida preventiva contra a singular virulência das doenças venéreas vietnamitas; nos bordéis militares, as garotas usavam distintivos amarelos e vermelhos, uma cor assegurando cópula livre de doenças e a outra mantendo-as em castidade temporária. Não obstante, elas podiam continuar trabalhando. A um preço mais baixo. Ficavam disponíveis para homens que só desejassem conversar com uma garota. "Era um bom negócio pra elas", disse Faas. "Vários dos soldados só queriam conversar."

Um pouco mais tarde, todos foram a um cassino e jogaram black jack. A ideia de que ele correria com Ali estava começando a deixá-lo agradavelmente tenso, uma sensação equivalente ao modo como ele se sentia quando ia ganhar no black jack. O jogo de azar tinha sua própria libido. Assim como não é aconselhável fazer amor quando a libido está fraca, também é provável, na mesma situação, perder dinheiro no jogo. Sempre que se sentia vazio, ele abria mão da aposta; quando estava cheio de si, muitas vezes vencia. Todo jogador tinha familiaridade com este princípio – era visceral, afinal de contas –, e poucos o desobedeciam de uma forma ou de outra. Mas nunca ele sentira tão poderosamente sua aplicação quanto na África. Era quase como se pudesse ganhar a vida em Kinshasa, contanto que jogasse apenas quando o sangue estivesse quente.

Naturalmente, ele bebeu um pouco. Ele tinha amigos naquele cassino. O gerente era um jovem americano que sequer completara 21 anos e estava apaixonado pelo sabor de sua vida na África; garotas inglesas eram crupiês e dealers, afiadas como pássaros em seus sotaques – a inteligência aguçada e vibrante da classe trabalhadora londrina se mostrava em suas vozes rápidas. Ele estava pegando o *mal d'Afrique*, a doce infecção que impede o doente de sair da África (em sua mente, pelo menos) uma vez que a tenha visitado. Era inebriante jogar e saber de antemão se você ia ganhar ou perder. Até a vodca com suco de laranja descia bem. Ele estava adorando tudo naquela noite, menos a lentidão de sua digestão. Embolsou seu dinheiro e voltou ao hotel para vestir uma camiseta e calções de corrida.

A longa viagem até Nsele, mais de 45 minutos, confirmou nele o primeiro defeito de sua vida. Em matéria de timing, ele era um monstro de ruindade. Por que motivo ele não se programara de modo que o ardor sentido no cassino permanecesse com ele no momento da corrida? Agora seu n'golo estava se apagando com os drinques. Quando começasse a correr na rua, ele teria de lidar com o começo de uma ressaca. E seu estômago, aquele órgão invariavelmente confiável, simplesmente não havia digerido a comida naquela noite. Meu Deus. Uma sopa cremosa de peixe e um filé au poivre flutuavam pelo Congo de seu universo interior como tufos de jacinto no rio Zaire. Meu Deus, adicione sorvete, rum com tônica, vodca com suco de laranja. Ainda assim, ele não se sentia mal, apenas túrgido – um estado normal para seus 51 anos, suas refeições pesadas e aquela hora.

Eram quase três da madrugada quando Norman chegou a Nsele, e ele teria preferido ir dormir. Estava até mesmo pronto a considerar a hipótese de dar meia--volta sem encontrar Ali. Àquela altura, porém, essa já não era uma alternativa nem um pouco séria.

Mas a vila estava escura. Talvez Ali não corresse naquela noite. Alguns soldados, educados mas um tanto confusos com a visão de visitantes àquela hora – Bob Drew, um cinegrafista da AP, também estava esperando –, pediram-lhes para não bater à porta. Dessa forma, todos ficaram sentados no escuro por uns quinze minutos, e então luzes se acenderam na vila, e Howard Bingham, um jovem negro da *Sports Illustrated* que se tornara praticamente o fotógrafo particular de Ali, apareceu e os levou para dentro. Ali ainda estava sonolento. Ele tinha se deitado às nove e acabado de acordar, o mais longo sono que costumava tirar num período de 24 horas. Mais tarde, depois de correr, poderia tirar uma soneca, mas para ele o sono nunca parecia ser uma preocupação tão importante quanto era para os outros lutadores.

"Você veio mesmo", ele disse com surpresa, e depois pareceu não prestar mais atenção. Ele estava fazendo alguns exercícios de alongamento para despertar e tinha o semblante aborrecido de um soldado de infantaria acordado no meio da noite. Seriam quatro na corrida. Bingham viria e também Pat Patterson, guarda-costas pessoal de Ali, um policial de Chicago, não mais escuro do que Ali, com a expressão solene e até impassível de um homem que passou por várias portas na vida sem a certeza absoluta de que conseguiria sair. De dia, ele sempre carregava uma pistola; de noite – que pena não lembrar se ele usava um coldre sobre suas roupas de corrida.

Ali parecia azedo. Não era difícil ler a expressão em seu rosto. Quem queria correr? Ele deu ordem a um dos dois furgões que os acompanhariam, certificando--se de que ficasse bem para trás, de forma que os gases não os incomodassem. O outro levava Bob Drew para tirar fotografias, e tinha permissão de ficar perto.

Norman até podia estar esperando que o lutador quisesse só caminhar por um tempo, mas Ali partiu imediatamente com uma corrida lenta, e os outros foram atrás. Eles trotaram pela grama das vilas situadas em paralelo ao rio e, quando chegaram ao fim do quarteirão, dobraram na direção da rodovia, a três quilômetros dali, e seguiram trotando no mesmo ritmo lento, passando por vilas menores, uma espécie de fileira de quartos de motel onde parte da imprensa estava alojada. Era como correr no meio da noite por gramados suburbanos em alguma ruazinha indistinta de Beverly Hills, uma luz ocasional ainda acesa num cômodo aqui e ali, os olhos se esforçando para captar as entradas de garagem que seria preciso atravessar, os meios-fios e os lugares nos quais pequenas cercas de arame protegiam as plantas. Ali atuava como guia, apontando para buracos no chão, declives repentinos e pontos escorregadios em que mangueiras haviam regado a grama por tempo demais. E eles seguiram no mesmo ritmo lento e constante. Era de fato surpreendentemente lento, sem dúvida não era mais rápido do que seu próprio ritmo quando corria sozinho, e Norman se sentia, levando tudo em consideração, numa condição bastante razoável. Seu estômago já era uma alma repleta de chumbo derretido e não ia melhorar, mas, para sua surpresa, não estava piorando – seria apenas um dos problemas que Norman teria naquela corrida.

Depois de terem percorrido talvez oitocentos metros, Ali disse: "Você está em ótima forma, Norm".

"Não ótima o suficiente para conseguir falar", ele respondeu por entre os dentes cerrados.

A corrida leve era um ato de equilíbrio. Você tinha de chegar ao ponto em que suas pernas e seus pulmões trabalhassem em igual estado de esforço. Ambos podiam ficar perto da exaustão excessiva, mas, se as pernas não estivessem mais cansadas do que os pulmões ou vice-versa, surgiria o equivalente a uma dolorosa e persistente condição incansável, isto é, você não se sentiria mais imprestável depois de um quilômetro do que depois do primeiro meio quilômetro. O truque era alcançar esse estado desagradável sem ter de favorecer as pernas ou os pulmões. Então, se nenhuma subida surgisse para dissipar nossa pequena reserva, e se não perdêssemos o passo ou tivéssemos de parar, se não tropeçássemos e não falássemos, a constante agitação progressiva poderia continuar, enérgica, dura para nossas entranhas de meia-idade, mas virtuosa – você sentiria em si os motores de um velho cargueiro.

Passadas algumas semanas de corrida constante, era possível tocar os motores do velho cargueiro por tempestades cada vez mais longas, dava para enfrentar subidas, dava inclusive para falar (e como conseguia esquiar bem no final do ano, com as pernas fortalecidas!), mas agora o corpo dele estivera ancorado por dois meses e ele estava desempenhando uma nova espécie de ato de equilíbrio. Não apenas as pernas e os pulmões, mas também o nível da bile em seu estômago era preciso observar, e o da pressão sanguínea. Como corria sempre antes do café da manhã, não estava acostumado a correr com o estômago cheio, e portanto experimentava esse fenômeno pela primeira vez. Era um terceiro fator, quente, bilioso e funcionando como um fole ao contrário, pois não parava de pressionar os pulmões, e no entanto, para sua surpresa, não era nauseante, só uma forte pressão, mas ele sabia que não poderia sustentar um ritmo mais rápido por mais do que alguns instantes antes que seu estômago engolisse o coração e ambos ficassem latejando em seus ouvidos.

Mesmo assim, eles deviam ter percorrido mais de um quilômetro naquela altura, e já tinham deixado para trás as vilas e o conjunto formal dos prédios de Nsele, e apenas avançavam por uma rua secundária com o escapamento surpreendentemente desagradável do furgão condutor sufocando suas narinas. Que surpreendente estorvo para adicionar à corrida – devia ser pior do que fumaça de charuto em volta do ringue, e a essa poluição do ar se juntava grotescamente o intermitente flash da câmera fotográfica de Bob Drew.

Contudo, ele conquistara o equilíbrio. Juntando comida, bebida e falta de condicionamento, aquela foi uma das corridas mais desagradáveis que ele já fizera, certamente a mais cáustica em sua prévia do inferno, mas ele encontrara o equilíbrio. Continuou correndo com os outros, e a marcha felizmente não acelerava, e ele veio a reconhecer, depois de um tempo, que Ali não era um mau companheiro de corrida. Ele ficava fazendo comentários incentivadores, "Ei, você está se saindo bem, Norm", e, um tempo depois, "Olha só, você está bem de fôlego", aos quais ele só conseguia grunhir em resposta – o que ajudava a corrida, principalmente, era a contínua sensação de um ritmo perfeito nas pernas de Ali, como se suas próprias pernas estivessem sendo de alguma forma sintonizadas para pegar seu próprio melhor ritmo, sim, algo tranquilo e não competitivo vinha das boas passadas de Ali.

"Quantos anos você tem, Norm?"

Ele respondeu em duas erupções: "Cinquenta – e um".

"Puxa, quando eu tiver cinquenta e um, não serei forte o bastante pra correr até a esquina", disse Ali. "Já estou me sentindo cansado."

Eles iam correndo leve. Sempre que possível, Ali corria sobre gramados. Pat Patterson, acostumado a pisotear concreto, corria no pavimento da rua, e Bingham alternava. Norman ficava nos gramados. Correr pela grama era geralmente mais fácil para os pés e mais difícil para os pulmões, e seus pulmões, tão próximos da pressão de seu estômago, estavam mais necessitados do que suas pernas, mas ele não conseguiria manter a sensação do ritmo tranquilo de Ali se saísse dos gramados.

Eles seguiam em frente. Agora estavam passando por uma pequena floresta, e, pelos cálculos dele, haviam percorrido pouco mais de um quilômetro e meio. Norman estava começando a pensar na remota possibilidade de que conseguisse vencer a distância toda – estavam programados cinco quilômetros? –, mas, no exato momento em que contemplava o heroísmo daquele horror, eles entraram numa longa e lenta subida, e algo no fardo adicional lhe disse que ele não teria êxito sem um colapso dos motores. Seu coração fizera dele um prisioneiro agora – pendia de um colar de ferro em seu pescoço, e, conforme os quatro resfolegavam na longa e lenta elevação, o colar ia se apertando a cada cinco metros. Agora, respirando mais ruidosamente do que jamais havia respirado, reconheceu que sua corrida estava perto do fim.

"Campeão", ele disse, "vou – parar – daqui a pouco", uma fala em três erupções estranguladas. "Eu só estou – desacelerando – você", e percebeu que era verdade

– porém, como é que Ali podia se contentar com um trote tão lento quando só faltavam quatro noites até a luta? "Enfim – boa corrida", ele disse, como um náufrago acenando com martirizada serenidade para os companheiros aos quais acabou de ceder seu lugar no bote salva-vidas. "Encontro vocês – lá."

E ele voltou sozinho. Mais tarde, quando mediu a distância de carro, constatou que correra dois quilômetros e meio com eles, algo até respeitável. E desfrutou de sua caminhada. Na verdade, estava um pouco surpreso com o ritmo lento da corrida. Parecia estranho que ele tivesse sido capaz de aguentar por tanto tempo. Se Ali queria correr por quinze assaltos, deveria haver naquela noite mais agitação em suas pernas. Claro, Ali não estava usando sapatilhas, e sim pesados calçados de treino. Mesmo assim. A lentidão do ritmo o deixou apreensivo.

Não há necessidade de seguir Norman em sua caminhada, contudo estamos prestes a descobrir um segredo para a motivação de escritores que alcançam alguma notoriedade em seu tempo. Com a estrada seguindo através da floresta, tão escura quanto se imagina que a África deve ser, ele desfrutou pela primeira vez da sensação do que significava estar sozinho na noite africana, e ocasionalmente, quando a floresta ficava menos densa, entendeu o que também podia significar estar sozinho sob um céu africano. A claridade das estrelas! A imensidão da abóboda celeste! É verdade que os pensamentos depois de uma corrida são geralmente banais. No entanto, ele percebia a abundância de grilos e gafanhotos nos arbustos perto dele, aquela nervosa vibração sem fim parecia abalar a terra. Era uma das perguntas finais: os insetos eram parte do cosmo ou eram os cupins do cosmo?

Bem naquele instante, Norman ouviu um rugido de leão. Um som assustador, lembrava um trovão, desencadeando uma onda de ira pelo céu e através dos campos. Teria o som se originado a dois quilômetros de distância, ou menos? Ele tinha saído da floresta, mas as luzes de Nsele também estavam a quase dois quilômetros de distância, e havia toda aquela estrada deserta no meio. Ele jamais alcançaria aquelas luzes antes que o leão o derrubasse. Então seu pensamento seguinte foi que o leão, se quisesse, poderia sem dúvida voar no encalço dele silenciosamente, talvez até estivesse a caminho naquele momento.

Certa vez, passeando na enseada de Provincetown numa embarcação não muito maior do que um veleiro, ele passara por uma baleia. Ou melhor, a baleia passou por ele. Uma baleia brincalhona que cabriolou em sua passagem e depois enfeitiçou metade dos barcos aterrorizados em sua trajetória. Norman concluíra, naquele momento, que nada poderia fazer se a baleia optasse por engoli-lo com seu barco. Mas ele se sentiu singularmente frio. Que jeito perfeito de partir. Seu lugar na literatura americana estaria garantido para sempre. Tratariam de colocá-lo aos pés de Melville. Melville e Mailer, ah, a consanguinidade dos Ms e Ls – como os críticos adorariam a preocupação de Mailer, agora descoberta (ver Croft na montanha em *Os nus e os mortos*) com a Moby Dick de Ahab.

Ele sentia em si, naquele momento, um pouco daquela tonificante presença de espírito. Ser comido por um leão na margem do Congo – quem deixaria de perceber que era o próprio leão de Hemingway esperando todos aqueles anos pela carne de Ernest até que um substituto apropriado afinal aparecesse?

Na vila de Ali, pouco depois, riram quando ele contou sobre o rugido. Ele tinha esquecido que em Nsele havia um zoológico no qual poderia muito bem haver leões.

Ali parecia cansado. Correra mais dois quilômetros e meio pelos seus cálculos, uns cinco quilômetros no total, e disparara ladeira acima no último trecho, dando socos no ar, correndo de costas, depois de frente à toda outra vez, e agora estava muito cansado. "Essas corridas", ele disse, "me esgotam mais do que qualquer coisa que jamais senti no ringue. É pior até do que o 15º assalto, e não tem nada pior do que isso."

Como um animal esgotado, Ali estava deitado nos degraus de sua vila, refrescando o corpo na pedra, e Bingham, Patterson e Ali não falaram grande coisa por um tempo. Ainda eram quatro da manhã, mas o horizonte já estava começando a clarear – a aurora parecia se aproximar por horas ao longo do céu africano. Como era de se prever, foi Ali quem retomou a conversa. Sua voz se mostrava surpreendentemente rouca: ele soava como se um resfriado estivesse chegando. Era só o que faltava para Ali – um resfriado às vésperas da luta! Pat Patterson, pairando sobre ele como um enfermeiro truculento, trouxe uma garrafa de suco de laranja e o repreendeu por se deitar na pedra, mas Ali não se mexeu. Ele estava triste devido aos rigores do exercício e falou de Jurgin Blin e Blue Lewis e Rudi Lubbers. "Ninguém jamais ouviu falar deles", disse, "até que lutaram comigo. Mas eles treinaram para lutar comigo e lutaram suas melhores lutas. Foram bons lutadores contra mim", falou, quase com espanto. (O espanto era o mais próximo que ele conseguia chegar da dúvida.) "Vejam Bugner – sua melhor luta foi contra mim. Claro, não treinei para essas lutas da mesma maneira que eles. Eu não conseguiria. Se eu treinasse para todas as lutas do jeito que treinei para esta, já estaria morto. Fico contente por ter me poupado um tantinho para esta." Ele balançou a cabeça numa espécie de autopiedade vazia, como se certa alegria outrora presente em suas veias tivesse se esgotado para sempre. "Vou ganhar um milhão e trezentos mil por esta luta, mas daria um milhão desse valor de bom grado se pudesse simplesmente comprar minha condição física atual sem o trabalho duro."

Mas sua condição física atual estava próxima da exaustão. E, como se a ansiedade quanto à luta despertasse na hora que antecedia o amanhecer, teve início uma ladainha. Era o mesmo discurso que ele fizera um dia e meio antes para a imprensa, o discurso em que listava cada um dos oponentes de Foreman e contava o número dos que eram ninguéns e falava da inabilidade de Foreman em nocautear seus oponentes. Patterson e Bingham assentiram com a triste paciência dos homens que trabalhavam para ele e o adoravam e aguentavam aquela fase de seu condicionamento enquanto Ali fazia o discurso do modo como um doente do coração tomaria uma pílula de nitroglicerina. E Norman, com sua comida ainda não digerida e suas entranhas fortemente compactadas pelo choque da corrida, teve seu próprio momento de vazio quando tentou pensar numa conversa divertida para melhorar o humor de Ali. Ocorreu que coube a Ali mudar o tom, e ele o fez ao amanhecer. Depois de tomar banho e se trocar, mostrou um truque de mágica e logo mais um, longos cilindros que saltavam de suas mãos se transformando em lenços, e, de fato, no treinamento do dia seguinte, ainda arengando com a imprensa, Ali terminou dizendo: "Foreman nunca vai me pegar. Quando encontrar George Foreman, eu estarei livre como um pássaro", e ele abriu a mão erguida. Um pássaro saiu voando, para deleite da imprensa. Ali assim escrevia a última frase do dia para os repórteres que enviavam textos diários de Kinshasa. Tampouco lhes tomou muito tempo descobrir a fonte. Bundini capturara o pássaro horas antes e o entregara furtivamente para Ali no momento certo. Inestimável Bundini, improvisador Bundini.

Entretanto, rodando de volta para o café da manhã no Inter-Continental, Norman mediu a corrida de Ali. Ele havia finalizado no pagode chinês. Eram quatro quilômetros, e não quase cinco! Ali correra bem devagar nos primeiros dois quilômetros e meio. Com o estômago vazio e as boas condições do verão no Maine, ele imaginou que provavelmente teria conseguido acompanhar Ali até a disparada no final. Não era assim que deveria pegar a estrada um homem que lutaria por um título dos pesos-pesados. Norman não via como Ali poderia vencer. A derrota estava no ar que apenas Ali parecia se recusar a respirar.

8. Elmo no Zaire

No dia seguinte, ao observar Foreman no pingue-pongue, ele achou que tinha motivo para questionar se não estava pessimista demais. O Campeão Mundial dos Pesos-Pesados vinha jogando todos os dias, mas não era nenhum fenômeno. Segurava sua raquete com empunhadura de caneta e isso atrapalhava seus propósitos; seu jogo não era potente, e a empunhadura de caneta é a melhor para facilitar as rebatidas de revés. Foreman certamente não tinha experiência o bastante para fazer mais do que se defender contra Archie Moore, e isso mal era suficiente. Moore ganhava invariavelmente. O velho e competitivo Archie, atleta que jamais deixava escapar uma vantagem, trouxera sua raquete especial, tão espessa em borracha esponjosa quanto o banco traseiro de um Cadillac. Nem o pulso mais ágil bateria na bola com tanto efeito. Um caçador profissional certa vez comentou que o animal mais perigoso com o qual topara na África tinha sido um leopardo. Ele chegou a desconfiar dos próprios olhos, porque o felino se movia como num filme de cortes abruptos. Era assim que o saque de Archie funcionava. Ele não tinha grandes recursos de jogo além disso, só um monte de borracha esponjosa, mas não precisava de quase mais nada. O saque era de um contorcionismo formidável. Ele derrotava George invariavelmente.

Foreman reagia com bom humor. Usava um de seus vinte macacões, e os bíceps brilhavam de suor, e o rosto esboçava sorrisos no esforço feliz, embora malsucedido, de perseguir a bola saltitante de Archie. Quando errava e tentava pegar a bola no chão antes que ela chegasse à piscina, o campeão parecia um cachorro grande pousando uma pata indecisa sobre um camundongo, achando graça na manha da história toda. Ocorreu o pensamento de que Ali devia jogar pingue-pongue melhor. Com sua rapidez de mãos e visão, como poderia não jogar?

Cada lutador tem uma parte do corpo que se destaca mais. Com Joe Frazier eram as pernas. Não eram niveladas como troncos de árvore, eram mais como gorilas atarracados indo em frente, fortes na subida, indo em frente. Foreman tinha algo como braços de Sansão – ele era capaz de derrubar os pilares do templo. E Ali? Ele tinha um rosto, e tinha braços para punir qualquer um que se aproximasse daquele rosto. Ele tinha pés velozes. Decerto jogaria pingue-pongue melhor. Seus pulsos estariam prevenidos para todos os truques de Archie. Cada salto inesperado aceleraria seus reflexos, ao passo que, para Foreman, zéfiros, plumas e bolinhas de pingue-pongue eram objetos estranhos.

Claro, a força de George não era aquela. Seu poder vinha do confronto. Na atmosfera de Foreman, ele podia se dar ao luxo de ser visto disputando jogos nos quais não tinha habilidade. Não importava que o mundo testemunhasse sua ausência de reflexos numa mesa de pingue-pongue. A luta era uma conclusão que não poderia ser alterada. Se Ali entrasse no ringue com medo, o final seria escandalosamente rápido. Se Ali subisse com bravura, bem, dizia o clima que emanava de todas as pessoas próximas a Foreman, então haveria uma luta mais interessante, e Ali até poderia ganhar um assalto ou dois, o reflexo lhe daria alguns pontos no confronto, mas não por muito tempo. Ali não tinha resistência para fazer quinze assaltos em velocidade máxima. Na visão do pessoal de Foreman, as chances de Ali dependiam de velocidade, de uma velocidade cada vez maior. Todo mundo repetia o comentário de Henry Clark: "Um assalto com Foreman é como dez com outro pugilista". Sim, seria igual a fugir de um leão dentro de uma jaula – não por um minuto, mas por 45 minutos.

Mais para o fim da carreira, Archie Moore costumava completar quinze assaltos quando mal tinha condições de caminhar um quilômetro. Adquirira a habilidade de evitar um soco assassino com um lânguido deslocamento do queixo. Por que ter o trabalho de se mover em quinze centímetros quando dois davam conta? Moore, portanto, tinha noção do proveito que podia tirar do velho corpo. Serenidade no ringue e absoluta frieza, nada de movimentos desnecessários, não sentir medo e executar alguns truques – eis o último substituto para o condicionamento físico. Funcionaria até o momento em que o outro forçasse o ritmo. Ninguém sabia disso melhor do que Moore. Ali o deixara vulnerável durante os quatro assaltos da luta entre os dois porque Ali mantivera pressão total. Agora, por sua vez, Foreman devoraria o melhor da condição de Ali, consumiria sua resistência, esgotaria suas surpresas. Aí teríamos Ali nas cordas e Foreman trabalhando no saco de pancadas.

"Sadler, Moore e Saddler", Archie Moore escreveu para a *Sports Illustrated*, "estão criando novas abordagens para a força: coagir, enganar e intimidar o sensível Ali de modo a levá-lo para um confronto direto com Foreman, dotado não apenas de TNT nas luvas, mas também de *uma energia nuclear...*" Era essa a confiança da turma de Foreman no Inter-Continental, ele tinha energia nuclear em seus punhos. A cena na mesa de pingue-pongue junto à piscina, a cena sob todos os guarda-sóis e perante todos os banhistas, o clima no saguão e no elevador era o poder opulento e até luxuriante dos punhos de Foreman. Ele não apenas batia forte, ele batia de tal modo que atingia o núcleo da vontade do oponente. Então começava a desintegração. A consciência explodia. A cabeça abalava a coluna com um relâmpago, e as pernas se desmanchavam como paredes demolidas. Na noite em que Foreman conquistou seu campeonato, quem poderia esquecer o filme das pernas desesperadas de Frazier cambaleando pelo ringue, procurando por seu dono perdido?

Naquele momento, no Inter-Continental, havia um clima predominante de confiança afável, romântica e até mesmo imperial no poder e na ameaça de Foreman. Todos em sua equipe estavam felizes. Dick Sadler brincava com as crianças e flertava com as mulheres mais atraentes, flertava com curiosa maestria, nunca desprovida de uma expressão que provocava: "Ninguém sabe o diabo que vai ver...". Archie Moore, sendo apresentado à esposa do embaixador americano no Zaire, tomou-a imediatamente pela mão e disse: "Venha, querida, quero que conheça a minha esposa", e a levou até a sra. Moore. Sandy Saddler, astuto e malévolo como o grande Willie Pep, Sandy ainda esbelto como no tempo em que lutava, ficava parado num canto, com a cabeça pequena sustentando seus grandes óculos de aro grosso, parecendo em todos os aspectos o amargo e enrugado proprietário de uma farmácia, e dizia: "Estou preocupado com Ali. Receio que ele vá se machucar".

Foreman tinha um parceiro de sparring chamado Elmo Henderson, outrora Campeão Peso-Pesado do Texas. Elmo era alto e magro e parecia muito menos um lutador do que alguma espécie de andarilho esguio trajando retalhos – havia em seus pés o passo longo de um bobo da corte medieval, e ele andava pelo saguão e pelo pátio e ao redor da piscina do Inter-Continental com os olhos no ar como se procurasse um ponto de fuga dois metros acima do horizonte. Aquilo envelopava sua presença, transmitia inclusive uma sugestão de silêncio, mas era paradoxal, pois Elmo Henderson nunca parava de falar. Era como se Elmo fosse a voz não ouvida de Foreman, e a voz era alta. Elmo aprendera uma palavra franco-africana, *oyê* (do francês *oyez* – "ouça"), e, qualquer que fosse a hora do dia na qual passasse pelo saguão ou encontrasse alguém em Nsele, ele parecia perdido nas névoas de uma profunda introspecção. A voz que ele ouvia vinha de longe e saía de uma profunda fonte de energia – Elmo vibrava com o zumbido daquele dínamo distante. "*Oyê*", ele gritava para o mundo inteiro numa voz inacreditavelmente alta e estrondosa. "*Oyê... oyê...*", cada grito dado a intervalos de dez ou quinze segundos, mas penetrante como um gongo. Nos corredores do hotel e no elevador, na entrada dos táxis do Inter-Continental e atrás na piscina, por entre as mesas de bufê do restaurante ao ar livre e a noite toda no bar, lá estava o grito de Henderson, às vezes no ouvido de alguém, às vezes do outro lado de um recinto, "*oyê...*". Ele parava de vez em quando, como se o sinal que retransmitia tivesse deixado de alcançá-lo, e então, repentina como a retomada do coro de um campo com grilos, sua voz ressoava pelos corredores. *"Oyê... Foreman boma yê..."* Ouçam... Foreman vai matá-lo. *"Oyê... Foreman boma yê..."* Se era uma expropriação do *boma yê* de Ali, já não era um grito para destruir outra escola; era mais um chamamento para uma cruzada. Toda vez que Elmo retomava aquele canto, era possível sentir o sangue de Foreman batendo ao longo do dia, pulsando ao longo da noite, no ritmo da violência que aguarda na solidão de uma ala para doentes mentais. Henderson passava por crianças e velhos, movia-se por príncipes africanos e pelos representantes das corporações que ali estavam atrás de cobre, diamantes e cobalto; sua voz absorvia a força de cada impulso que ele transmitia. Riqueza e violência e irritação e inocência estavam presentes em sua voz, e Henderson acrescentava a intensidade de sua própria força a elas até que o som vibrasse nos ouvidos de todos como o estrondo de um grilo com o tamanho de um elefante. *"Oyê... Foreman boma yê..."*, e Foreman, fosse perto de Henderson, fosse a cem metros de distância, parecia assegurado em sua serenidade pelo poder da garganta de Elmo, como se o sparring fosse o guarda-noturno fazendo sua ronda, e tudo estava bem precisamente porque tudo estava mal.

"Oyê... Foreman boma yê...", Henderson gritava em seu giro pelo hotel, e de quando em quando seu rosto se iluminava, como se tivesse acabado de encontrar uma variação mais libertadora e profética, e ele acrescentava "Em três o gigante sorri, Muhammad Ali", espetando três dedos no ar. *"Oyê"*, Henderson gritou certa manhã ao pé do ouvido de Bill Caplan, e o

homem da publicidade da equipe de Foreman retrucou tristemente: "Oy vay! Oy vay!". Numa ocasião, Elmo pronunciou uma frase inteira. "Vamos pegar Ali", ele disse para o saguão inteiro, "como um Rolls-Royce com motor envenenado. *Oyê... Foreman boma yê.*"

Sim, a loucura na África era fértil, e, nessa loucura da África, dois lutadores receberiam cada um cinco milhões de dólares, ao passo que, a 1.500 quilômetros de distância, à beira da fome mundial, negros morriam de inanição, dois lutadores que ganhariam cada um mais de cem mil dólares por minuto se a luta durasse todos os 45 minutos e mais por minuto se durasse menos. Era típico dessa loucura que um dos lutadores fosse um revolucionário e o outro um conservador, isto é, um muçulmano negro, cujo objetivo final era a cessão pelos Estados Unidos de um vasto pedaço do país para a formação de uma nação negra, e que estivesse, esse rico revolucionário conservador (campeão de bolinhas de gude aos dez anos de idade), combatendo um defensor do sistema capitalista cuja mãe tinha sido cozinheira e barbeira e chefe de uma família de sete pessoas até desabar num hospital psiquiátrico e o filho confessar "embriaguez, vadiagem, vandalismo, roubo violento" e virar um ladrão de bolsas, revelando ser nesse ramo – para citar Leonard Gardner – "um fracasso total; comovido pelos gritos de suas vítimas, que pediam socorro a Deus, ele se via compelido a correr de volta e devolver todas as bolsas". Isso foi aos quatorze, e aos quinze, e aos dezesseis. Conhecemos o resto da história. Foreman ingressa no Job Corps e conquista o título olímpico dos pesos-pesados antes de completar 21 anos. Ele dança pelo ringue com uma bandeirinha. "Não me falem mal do sistema americano", afirma na plena investidura daquela bandeira, "suas recompensas estão à disposição de qualquer pessoa que se decida, que se curve, que dê duro em suas tarefas e se recuse a permitir que qualquer coisa o derrote. Vou levantar essa bandeira em todos os lugares públicos que eu puder", e a isso Ali responderia aos gritos durante um jantar de jornalistas de boxe, seis anos depois, "Vou surrar essa bunda cristã, sua putinha branca de bandeirinha na mão". Os dois haviam se engalfinhado no palco, e Ali arrancou a camisa de Foreman, transformou seu traje num smoking sem camisa. Foreman, por sua vez, rasgou o paletó de Ali pelas costas. Houve desculpas no dia seguinte, e Ali alegou que "jamais insultaria a religião de alguém", mas os resultados psicológicos foram tão inconclusivos quanto *Ali boma yê* e *Foreman boma yê*; com certeza não havia nenhum paralelo nítido com a tarde na tevê em que Ali ficou repetindo para Joe Frazier que ele era ignorante até que Frazier partiu para a agressão física. Faltavam poucos dias para o segundo confronto entre os dois, e os insultos de Ali ajudaram a decidir a luta em seu favor, pois Frazier deixou Ali em apuros durante os assaltos intermediários e parecia pronto para nocauteá-lo no início do nono – de fato, Ali mal tinha sido capaz de resistir alguns minutos terríveis no oitavo assalto. No início do nono, Frazier estava tão seguro de si que correu para o meio do ringue antes da campainha – sou ignorante, é? O juiz o empurrava para trás com a campainha soando. Isso proporcionou a Ali quinze segundos adicionais de descanso bem no momento em que mais precisava deles. E lá veio a carga total do último grande ataque de Frazier – sou ignorante, é? –, mas Ali saiu das cordas antes do fim do nono assalto para virar a luta – sim, você é ignorante – e vencer por uma decisão apertada. Ali tinha sido um decano de psicologia naquela luta. Agora, porém, tamanha perspicácia tinha de ser aplicada à lógica da culpa psicótica, "Em três ele sorri, Muhammad Ali", agora os truques teriam de percorrer as longas catacumbas da mente lunática, *"oyê, oyê"*, e assimilar as duzentas janelas que Foreman quebrara em Houston porque gostava do som. Estariam os ecos de vidro estilhaçado na disciplina de Foreman, nos investimentos de sua serenidade, sim, a estimativa era igual à loucura, e conseguiria Ali mobilizar os dois milhões e meio de cadeiras nas salas de espetáculo na América, onde seguidores torcendo por ele teriam de mandar seus aplausos por meios eletrônicos no sentido inverso, assim como um dia o tempo poderia viajar do futuro para o passado? Ali, grão-vizir, precisava agora mobilizar a nação do Zaire, uma nação rudimentar com a vastidão do Alasca, do Colorado e do Texas somados, a louca Kinshasa com seus 280 mil ovos, 75 mil blocos de manteiga e 115 mil torrões de açúcar, tudo se deteriorando porque os milhares de turistas não tinham vindo para a batucada negra da "luta na floresta", não senhor, nenhum turista gastaria dois mil dólares ou mais pela oportunidade de ser cozido numa panela em um país do qual os belgas partiram com tanta pressa em 1961 que um correspondente da *Time*, Lee Grimes, homem de rosto aristocrático e confiável, ganhou as chaves de uma casa e de um carro das mãos de um homem nunca visto antes e ouviu que podia viver neles e usá-los nas últimas palavras proferidas pelo belga antes de pular na balsa que avançaria contra as moitas de jacinto para cruzar o Congo rumo a Brazzaville, a segura Brazzaville, segura ao menos naquele dia, e Lee Grimes morou na casa do belga e dirigiu o VW do belga até que os buracos de bala na lataria chegaram a 64 e o VW parou de rodar. Grimes passava por sentinelas negros em postos de controle na estrada abanando seus cartões de crédito, Zaire!, um país dentro do qual caberiam Alemanha Ocidental, Alemanha Oriental, Áustria, Bélgica, Dinamarca, Espanha, França, Grã-Bretanha, Irlanda, Itália, Portugal e Suíça, duzentos grupos de línguas – duzentos *grupos*! – e uma taxa de alfabetização de 35 por cento ou menos do que isso, segundo alguns, um país tão grande quanto os Estados Unidos a leste do Mississippi e com um rio de 4.600 quilômetros de comprimento descendo das mais impenetráveis montanhas e selvas para chegar ao mar em Matadi, o Kungo, chamado Congo – "Leopoldo agora no inferno brada/ Queima pelo povo da mão decepada" –, o Congo, agora Zaire. Vachel Lindsay teria chorado aos sons ásperos das vogais em Zai-re:

> ENTÃO VI O CONGO, SERPENTE NO ESCURO, CORTANDO A SELVA COM RASTRO DE OURO PURO.
> Então ao longo da margem
> Por mil milhas
> Canibais tatuados dançavam em filas;
> Então ouvi o estouro do filho psicopata
> E um fêmur batendo num gongo de lata.
> E "SANGUE!", gritavam apitos e pífaros guerreiros,
> "SANGUE!", gritavam crânios magros de feiticeiros;
> "Sacudam o mortal vodu das matracas,
> Assolem as terras altas,
> Roubem todas as vacas,
> Ratatá, ratatá, Bim!

Bum-lei, bum-lei, bum-lei, BA-BUA!"
Canção estrondosa, épica, nua
Da boca do Congo
Às montanhas da Lua.

Sim, Congo, agora Zaire; moeda do país, Zaires; gasolina do país, *Petrol Zaire*; até os cigarros, *Fumez Zaires*. "Um Zaire – um grande Zaire", país que lutadores e imprensa e 35 turistas vindos para a luta (de uma expectativa de cinco mil) visitavam depois de vacinas contra cólera, varíola, febre tifoide, tétano, hepatite – de tomar gamaglobulina –, sem falar nas injeções contra febre amarela e pílulas para malária e um antidiarreico na brecha do fantasma galopante de Leopoldo, abolidos todos os títulos como "Excelência" ou "Honorável", Mobutu conhecido apenas e modestamente como O Guia, O Chefe, O Timoneiro, O Redentor, O Pai da Revolução e O Perpétuo Defensor da Propriedade e do Povo, Mobutu nascido Joseph Désiré, que agora nas profundezas da autenticidade é chamado Mobutu Sese Seko Kuku Ngbendu Wa Za Banga – "guerreiro todo-poderoso que, por sua perseverança e inflexível vontade de vencer, vai de conquista em conquista, deixando um rastro de fogo" – tradução efetiva: "O galo que não deixa nenhuma galinha de pé. Wa Za Banga está dentro de você". Mobutu com seus 747 e DC-10 pessoais, seu radiofone capaz de ligar para qualquer funcionário do país e seu passado político – em 1961, Mobutu transferiu Patrice Lumumba para uma prisão em Katanga na qual todo mundo sabia que o matariam, e depois construiu o monumento ao mártir Lumumba, o monumento mais alto de Kinshasa, sim, Le Guide, Le Chef, Le Timonier, Le Rédempteur e Le Père de la Révolution "é saudado como um salvador (onde quer que ele vá) por pelotões de dançarinos rodopiantes que balançam e batem pé, acenam e adejam, cantando incessantes louvores ao presidente", escreve J.J. Grimond para o *New York Times*, e a riqueza de detalhes de sua matéria será citada sem a menor pressa pelo Ministério da Orientação Nacional. *"Foreman boma yê"*, Elmo Henderson grita ao passar pelo pátio do restaurante ao ar livre, e Norman sorri para seu convidado, um americano muitíssimo inteligente, morador de Kinshasa faz anos, perito em muitos ofícios, que concordou em tentar explicar este país incomparável (que Ali tentará mobilizar, todo o n'golo e Nommo coletivo, todo o kuntu e muntu – em todas as variações dos duzentos grupos de línguas mais o lingala), sim, ele tentará, nosso Muhammad Ali, dobrar todas as forças dos vivos e dos mortos na arena de seu grande *hantu*, aquele temível lugar e hora que irá se concretizar às quatro da manhã da quarta-feira dia 20 de maio num estádio de 62.800 lugares, com dez pontos para o vencedor de cada assalto e nove ou menos para o perdedor, quinze assaltos, com dois mil assentos exclusivos junto ao ringue saindo por 250 dólares cada, ainda não vendidos, nem de longe, mas esperem pelo circuito fechado para 425 locais nos Estados Unidos e no Canadá, mais a transmissão televisiva ao vivo ou gravada para cem países – nossos promotores: o Governo do Zaire, Video Techniques, Helmdale Leisure Corporation e Don King Productions, ninguém menos. Sim, Norman vai ouvir seu convidado e sorrir com ar de desculpa (ou talvez com certo ar orgulhoso pela conjuração, por parte de Elmo, de sabe lá Deus que fração daqueles fatos e forças africanos – Elmo escrito de trás para frente é

Omle: *Oyê Omlê*), e a insanidade do clima que apropriadamente também faz parte de todo Campeonato Peso-Pesado se agita no ar quente do meio-dia antes das palavras razoáveis de seu inteligente convidado.

"Veja bem, não é nem é uma questão de gostar ou não de Mobutu. Nenhum americano se sentiria entusiasmado com um homem cuja cabeça aparece saindo de uma nuvem toda noite na televisão nacional enquanto toca o hino do Zaire, mas ele não é o tipo de homem que se deixa embaraçar – se você olhar com atenção na tevê, dá pra ver o bastão tribal em sua mão, um homem e uma mulher entrelaçados. É algo altamente consciente. Os africanos dão ênfase aos humanos, cosmicamente falando – um bastão tribal com um homem e uma mulher entrelaçados é uma expressão da completude cósmica como o Yin e o Yang. Mobutu está ali para incorporar homens e mulheres num único Zaire, numa única consciência, numa única fonte de poder – ele já alocou 64 milhões de zaires, mais de cem milhões de dólares, para um complexo de televisão que vai conectar todas as aldeias e tribos remotas que ele puder alcançar. Você sabe que rosto estará nessa tevê. Ora, até recentemente, Mobutu era o único nome oficial que a gente via nos jornais. Quando era tirada uma foto do presidente com alguns burocratas, só o rosto dele era identificado. Duas semanas atrás, o primeiro embaixador vindo de Cuba chegou no Zaire. Os jornais sequer mencionaram o nome dele. Isso foi, é claro, uma recaída nos velhos métodos, mas não há dúvida: o mobutismo é Mobutu com tudo o que isso significa, e uma coisa que com certeza significa é que notícias desagradáveis não são publicadas. Houve um desastre com um avião da Air Zaire uns meses atrás. Nenhuma palavra nos jornais por vários dias. Aí Mobutu indicou que, embora o acidente não precisasse ser descrito, seria admissível anunciar os funerais, uma espécie indireta de liberdade de imprensa, por assim dizer.

"Pegue o nome do país. Por que o escolheram, isso nós nunca saberemos. Sem dúvida o nosso Timoneiro gostou do som. Ele confiava no seu ouvido. Além disso, Z é a última letra do alfabeto. Os últimos serão os primeiros. Então anunciam que é assim que o país vai se chamar. Aí descobrem que Zaire não é uma palavra africana. Na verdade é português antigo. Você pode ter certeza, ele não vai querer saber de admitir o erro e se expor ao ridículo. Pelo contrário, é provavelmente nesse momento que ele decide: não apenas o país, mas também o dinheiro, a gasolina, os cigarros e, até onde sei, os contraceptivos vão se chamar Zaire. A primeira regra da ditadura é reforçar seus erros.

"É a mesma coisa com as prerrogativas dele. Não lhe faltam casas na metade das capitais da Europa, tampouco um 747 quando sua família quer voar de Bruxelas para Londres; para nós, essa incrível exibição de riqueza parece um erro, mas para os africanos a questão é outra. Ele é o chefe do país e um rei deve usar suas vestes reais. Ser resplandecente faz parte da força vital. A população o respeitaria menos se suas despesas não fossem estratosféricas. Ele é o líder da nação e, portanto, um equivalente moderno de presidente, ditador, monarca, imperador, escolhido de Deus e *le roi soleil* tudo junto. Façamos a ele, no entanto, a concessão de que o escolhido de Deus precisa desse poder. Seus problemas vão além de qualquer medida. Aqui em Kinshasa mesmo, a cidade tinha 300 mil pessoas em 1959, um ano antes da saída dos belgas, e agora o número não oficial é um milhão e meio. O desemprego nesta cidade é de 48 por cento e as pessoas chegam aos bandos mesmo assim. O motivo? O desemprego nas áreas rurais é de até oitenta por cento. Há uma seca terrível e uma escassez tenebrosa de equipamentos agrícolas. Pode apostar, nenhum burocrata zairense chamará este país de subdesenvolvido. Dirá antes que é 'subequipado'.

"Acrescente ao desemprego a inquietação psicológica de milhares de idiomas e dezenas de milhares de tribos entre 22 milhões de pessoas. Todos os velhos laços tradicionais estão se rompendo. Todo mundo largou a terra e largou a família. Mobutu vira o único substituto da velha tradição, a incorporação remanescente do grande chefe. É por isso que ele não vai aparecer no estádio na noite da luta e vai vê-la em casa por circuito fechado. Não só porque não deseja aparecer diante do mundo com uma imensa proteção policial, mas também porque ele não quer ser visto fisicamente ao lado de Ali e Foreman numa transmissão de tevê. Deus não se coloca ao lado de seus filhos quando eles são mais altos.

"Mas esse é o menor exemplo de seu particular senso sobre como se apresentar a seu povo – se você somar os detalhes, chega a ser coisa de gênio. Por um lado ele está em toda parte, a mais ousada exibição de ego que se possa conceber; por outro ele é infinitamente cauteloso. Ele entrega a luta e o estádio como presentes para seu povo, mas ele próprio não aparece. Então você o vê na televisão todas as noites e nunca consegue uma entrevista exclusiva. Ele se orgulha de controlar todos os detalhes.

"Por exemplo, onde quer que pergunte você ouvirá que o exército é a base de seu poder, e é. Uma razão é que o preço da cerveja é mantido baixo para os soldados, um detalhe, mas ele é meticuloso quanto aos detalhes. Ele sabe qual é o posto de cada oficial em seu exército – e cuida para que nenhum oficial importante jamais comande tropas de sua própria tribo. Os soldados não podem nem falar seus próprios idiomas uns com os outros. Eles devem se dirigir aos outros em lingala. E assim ele garante duas coisas. Sua base de poder não será corroída por rebeliões tribais, e seus soldados tenderão a perder seu próprio dialeto e adotar a língua nacional. Algo semelhante é feito com os altos funcionários do governo. Ele pega um homem importante que cresceu em Kinshasa e o coloca como governador de Lubumbashi – isso desencoraja ideias de golpe. Claro, Mobutu paga um preço por isso. Não dá nem para descrever a eficiência do país. O país progrediu do intolerável para o tenebroso. Por outro lado, ele herdou esses problemas dos belgas. A burocracia foi sempre uma fábrica de lama que desacelera infalivelmente todos os técnicos de primeira que o país importa. Agora, com o homem branco fora, ninguém se apressa para cumprir ordens. Além disso, pense no tipo de homem branco que veio da Bélgica para cá no começo, incapaz de se dar bem na terra natal e descontando suas falhas por aqui nos negros. O certo é que a inércia foi sempre a regra no seio da burocracia. De fato, cada pequena repartição tende a ser uma tribo. Se eu tenho meu empreguinho e preciso de um assistente, contrato um parente meu. Para evitar traição. Não quero que o novo funcionário roube o meu emprego e, se ele for da minha família, é menos provável que pense nisso. Por outro lado, meu parente é burro, então não delego autoridade a ele, caso contrário ele me causará problemas. Tudo precisa esperar até que eu resolva o assunto. Uma fábrica de lama. Nada se move nos níveis intermediários da burocracia. Ao mesmo tempo há talento no topo, talento verdadeiro, inteligência verdadeira. São os negros com a melhor instrução, voltando da Europa com bons salários, boas casas, esposas europeias – uma marca de orgulho, entre os altos burocratas, é ter esposas brancas –, e eles são leais a Mobutu. É um bom país para eles. Eles até conseguem fazer as coisas, contanto que trabalhem entre si. Entretanto, no momento em que um projeto tem de descer às regiões intermediárias da administração, estamos de volta à lama. Estagnação e caos. *'Pas de problème'*, eles dizem com segurança quando você pergunta se algo pode ser providenciado. É a maneira deles de informar que o seu pedido é praticamente impossível de ser resolvido. Como a solução não existe, o problema tampouco existe. *'Pas de problème'*.

"No entanto, Mobutu mantém o país funcionando. Com um desperdício que não dá vontade nem de imaginar e com um roubo oficial dos recursos naturais que ninguém consegue sequer estimar, o país, não obstante, está emergindo. O poder negro é comentado em todos os lugares – e está sendo, de alguma forma, efetivamente praticado aqui. Em algum lugar, no meio disso tudo, pode até haver uma ideia – o casamento da tecnologia moderna com elementos da tradição africana. Não porque Mobutu seja necessariamente um homem sábio e profundo – quem poderia responder a esta questão se não há como chegar perto dele? –, mas pode haver certo instinto no Congo de que a tecnologia nunca irá funcionar se não puder ser conectada à raiz africana.

"Mesmo assim, que horror", disse o brilhante americano, ecoando a palavra terminal de Conrad.

"Você vai ver a pesagem hoje à noite. Dê uma boa olhada no estádio. É o presente de Mobutu para o povo, construído com o trabalho e os impostos do povo. Uma estrutura impressionante. Os melhores operários do Zaire foram designados para trabalhar no estádio. Mobutu tem alguns grupos de operários qualificados, e os desloca para pontos estratégicos da economia. Então sabemos onde andaram trabalhando nos últimos meses. Que estádio! Não ignore o design. É um lugar não só para receber pessoas, mas para processá-las e, se necessário, descartá-las. No final da primavera passada, a onda de crimes cresceu tanto que os ladrões estavam se fazendo de policiais. As esposas dos americanos estavam sendo estupradas. Seria um pesadelo para Mobutu se os estrangeiros chegassem para ver a luta e fossem assaltados em massa. Então a polícia dele recolheu às pressas trezentos dos piores criminosos que puderam ser encontrados e os trancou em alguns depósitos embaixo do estádio. Aí cinquenta dos trezentos foram mortos. Bem ali no chão de pedra embaixo do estádio. Até onde sabemos, alguns podem ter sido fuzilados nos vestiários dos lutadores. A chave para entender a execução é que ela foi realizada aleatoriamente. Ninguém se preocupou em listar os condenados. Ninguém falou "Matem estes cinquenta aqui". Não, eles simplesmente eliminaram os cinquenta mais próximos. A destruição aleatória era mais desejável. O medo entre a população criminosa calaria mais fundo. Bons contatos na polícia são inúteis numa situação tão desestruturada. Pela mesmíssima razão, os outros 250 criminosos foram soltos. Para que eles contassem aos amigos sobre o massacre. O índice de criminalidade, neste breve período, está em baixa. Mobutismo. Prefeito, magnata e tirano ao mesmo tempo. Ele gasta milhões para explorar reservas petrolíferas no mar sendo que o Zaire tem apenas 37 quilômetros de costa no Atlântico, mas terá êxito – para a surpresa de todos, terá êxito, produzirá petróleo suficiente para suas necessidades domésticas. Aí ele pega o telefone e pergunta sobre um aumento nas tarifas de táxi em certa cidade situada 1.300 quilômetros a leste de Kinshasa e avisa que não poderão praticar o aumento. Audaz, trivial e imperial – uma mente africana. A África tem forma de pistola, dizem as pessoas aqui, e o Zaire é o gatilho. Aproveite o estádio."

Havia pesagens que davam pistas quanto ao resultado, mas elas ocorriam geralmente na manhã do combate e, portanto, podiam revelar como os lutadores haviam dormido. Aquela era, porém, a noite de sábado – com mais de 72 horas até a disputa. A pesagem não passaria de publicidade, uma amostra de espaço eletrônico para o *Wide World of Sports* no fim da tarde de sábado nos Estados Unidos; seria algo chato, apesar dos milhares de zairenses convidados a entrar de graça no estádio.

A expectativa da imprensa era de que a multidão fosse vibrar descontroladamente por Ali, mas houve pouca empolgação – foi mais uma saudação de firmes aplausos –, e a ovação para Foreman, embora menor, mesmo assim foi considerável, talvez metade do barulho. No fim das contas, a plateia parecia indiferente. Com a aglomeração de cem ou mais pessoas abarrotando o ringue, os lutadores mal podiam ser vistos. Alguns dos homens e mulheres nas arquibancadas estavam esperando havia muito tempo. Além disso, não é exatamente de tirar o fôlego ver um peso-pesado subindo numa balança; a maior excitação, nessa noite, veio de um erro. O peso de Ali foi anunciado como sendo de 206 libras. Por anos ele não tinha pesado tão pouco: veio a correção, indicando 216 libras, ou 98 quilos. Um equívoco na conversão dos quilos. Uma vaia da imprensa. Ele estava de dois a quatro quilos mais pesado do que dissera que estaria, má perspectiva para sua habilidade de dançar e correr. Na verdade, estava quase tão pesado quanto Foreman, que marcou 99,8 quilos e permanecia no ringue com total concentração. Ele não ouvia um único som que não quisesse ouvir.

Ali parecia contrariado de novo. Ele passara pelas cordas com uma bengala de marfim e aparentara estar mais interessado na bengala do que em seu entorno. Ele segurava a bengala com dedos tranquilamente inquiridores. Ali sabia lidar com objetos novos – algo em seus dedos sempre os respeitava. A resposta da multidão, no entanto, não tinha como agradá-lo. Ele puxou um grito, *"Ali boma yê"*, mas não houve nada de avassalador na resposta.

Enquanto isso, tocavam música. Era uma música desconcertantemente alegre, ondulante como ritmos caribenhos – música para os quadris, nenhuma coreografia era necessária, só uma gingada. Não dava para escutar o ruído dos socos com as luvas sob a música. Foi uma decepção aquela pesagem, até o ringue estava baixo demais. Assim como estava instalado alto demais em Nsele, aqui ele era baixo demais. Os fotógrafos parados na beira do ringue bloqueavam a visão dos repórteres nas mesas de imprensa. Todo mundo estava de pé.

Na verdade, não era um ambiente alegre. O inteligente informante americano estava correto. A entrada era deprimente ao extremo. Não era um lugar para pessoas entrarem; era antes um edifício do qual seria impossível sair se a polícia quisesse reter as pessoas. O fluxo fazia pensar num barril de cerveja com um bico de mamadeira no lugar da torneira. Da rua, arcos não mais largos do que portas comuns se abriam para catracas que, por sua vez, permitiam que você seguisse por corredores estreitos até os assentos do estádio. Ao longo de uma passagem subterrânea, que corria em oval ao redor do estádio, havia salas de tijolos de cimento pintadas inteiramente de cinza. Barras de aço e blocos de concreto. Uma prisão.

O clima proporcionado pela pesagem ainda era sentido por Norman quando ele se juntou a uma festa no bar do último andar do Inter-Continental. Don King estava celebrando a mesma pesagem. Para King, tinha sido um marco. Foi com alegria que ele o anunciou exatamente assim. "Hoje, depois de ver Ali e Foreman no ringue, posso acreditar na realidade dessa luta", falou.

King tinha olhos mágicos. Até conhecê-lo, era difícil entender de que modo ele poderia ter conseguido juntar os lutadores, pois tinha poucos recursos financeiros para dar conta de um evento daquela magnitude. King, no entanto, tinha uma capacidade de pegar todo o seu amor verdadeiro (um amor que, levada em conta sua substancial presença negra, não era pequeno) mais todo o seu falso amor e derramá-los juntos pelos olhos, seus olhos cintilantes. Mailer nunca acreditara na existência real, no mundo lá fora, da palavra cintilante, mas também nunca vira olhos tão cheios de amor. "Você é um gênio em sintonia com a consciência superior", King ofertou como primeiro elogio no encontro, "e ao mesmo tempo um expoente instintivo da incansável busca por aspiração no potencial caloroso, capaz de abraçar a terra inteira, dos povos explorados." Norman conhecera certa vez um médico romeno que, com esse mesmo apetite, enchia a boca de retórica e pastrami. Don King era o cruzamento entre um negro peso-pesado tão grande quanto Ernie Terrell e aquele médico judeu romeno, ou melhor, King chegava a parecer um representante da B'nai B'rith.* Ele não conseguia dizer *em êxtase* se você não o deixasse acrescentar *de tanto deleite*. Ocasiões jamais eram jubilosas quando podiam ser *muito jubilosas*. Depois de algum tempo, Mailer percebeu que a descrição dele ofertada com tamanha generosidade por King era, na verdade, uma espécie de convite para entrar na visão que King tinha de si mesmo – "um gênio em sintonia com a consciência superior" et cetera.

Ora, seria difícil provar que King não era um gênio. Ex-dono de boate e rei da jogatina em Cleveland, com quatro anos de prisão por matar um homem numa briga de rua, ele abordara Ali e Foreman com as esplêndidas credenciais de um empresário de boxe cujos dois melhores lutadores, Earnie Shavers e Jeff Merritt, haviam sido nocauteados no primeiro assalto. Mesmo assim, se ofereceu para promover Ali-Foreman. Cada lutador ganharia cinco milhões de dólares, ele disse. Aqueles olhos do amor verdadeiro devem ter tornado a soma crível, pois brilhavam sem dúvida como os frescos deleites da limonada, as fantasias do Pernod e os dourados grãos de milho – de alguma forma, aqueles olhos o faziam atravessar barreiras –; ele convenceu Herbert

---

* Fundada em Nova York em 1843, a B'nai B'rith é a mais antiga organização judaica e também a mais antiga instituição dedicada aos Diretos Humanos ainda em funcionamento. (N.E.)

Muhammad que poderia produzir essa luta. "Lembrei-o do ensinamento de seu pai, Elijah Muhammad, de que todo negro qualificado deveria ganhar uma chance de seus companheiros negros." É claro, os mais cínicos foram rápidos em assinalar que Herbert Muhammad tinha pouco a perder – King foi rapidamente amarrado a um contrato no qual teria de pagar cem mil dólares por mês todos os meses até que a carta de crédito dos dez milhões de dólares estivesse no banco para os dois lutadores, e King, para surpresa de todos, conseguiu se aguentar por tempo suficiente para levantar o dinheiro com John Daly, da Helmdale Leisure Corp, e a Risnailia, corporação suíça cujo controle pertencia, dizia-se, a Sese Seko Kuku Ngbendu Wa Za Banga, nosso Mobutu em pessoa. Quanta habilidade. A quantidade se transforma em qualidade, disse Engels certa vez, e um trambiqueiro de grandes dimensões vira um financista. Como King sabia falar! Ele era um homem alto, mas o cabelo grisalho se elevava a dez centímetros de sua cabeça, ereto, ereto – ele era um negro cujo cabelo afro parecia eletrificado por um elevador em perpétua queda – *vruuu*, fazia o cabelo arrepiando-se em direção às alturas. Suas palavras fluíam. King usava diamantes e camisas plissadas, dashikis com pingentes de ouro, smokings em azul-pálido e ternos de um vermelho-batom; havia faixas de sultão em sua cintura e pérolas do Oriente nos mantos que usava. Como ele sabia falar. Ele era o kuntu de todo diálogo, e nenhuma situação verbal lhe era minimamente estranha. Certa vez, quando um de seus lutadores menos conhecidos insinuou que um contrato não era satisfatório e que King poderia se dar mal, Don se inclinou à frente – ele adorava contar essa história – e disse: "Deixemos de lado a conversa fiada. Você pode sair daqui, fazer uma ligação e mandar que me matem em meia hora. Eu posso pegar o telefone enquanto você sai e você já era em cinco minutos". Fora uma observação adequada à situação, mas King sabia ir mais longe. "A luta", ele disse, "atrairá um trilhão de fãs, porque Ali é russo, Ali é oriental, Ali é árabe, Ali é judeu, Ali é tudo que se pode conceber com a mente humana. Ele tem apelo para todos os segmentos do nosso mundo. Alguns se polarizam entre hostilidade e afeição, mas, independentemente disso, ele estimula – e essa é a parte mais significativa –, Ali motiva até mesmo os mortos." Sim, até mesmo os mortos que estavam morrendo de sede e esperando por uma cerveja no altar. "Os mortos tremem em seus túmulos" foi o que King disse, segundo o relato de Leonard Gardner, em Caracas, na noite em que Foreman aniquilou Norton e o último obstáculo para Ali-Foreman fora derrubado. King ficara feliz naquela noite, e estava feliz nesta noite, com a pesagem encenada e o satélite de televisão testado e aprovado. Ele era um homem que obviamente depositava sérios investimentos de fé na cerimônia formal, e aquele mesmo estádio que se mostrara tão sinistro para seu convidado trouxe lágrimas aos olhos de King enquanto ele o louvava. "Esta noite é uma consagração", ele disse. "Nesta noite, a história de nossos problemas com essa luta se converte na história do triunfo de nosso árduo trabalho. Esta noite eu tive uma visão do evento que se aproxima que me deixa eufórico, pois vejo um encontro que não terá comparação no implacável poder de sua tenacidade e fúria. Portanto, eu sou tomado pela a emoção de quem se sente um instrumento de forças eternas."

Assim que você se acostumava com a majestosa gangorra de sua retórica, ela alimentava os ouvidos do mesmo modo que o som das patas de um cavalo cossaco em pleno galope ecoando iria ribombar nas estepes. Mesmo assim, ficava evidente, depois de um tempo, que King apelaria para a retórica quando não encontrava uma resposta melhor. (Como Shaw certa vez assegurou a Sam Goldwyn, a poesia existia para ser escrita quando ele não se sentisse inspirado pela prosa.) Então King trocava de marcha toda vez que sentia que estava se distanciando da pessoa com quem falava; no entanto, quando ele acertava o passo, ah, aí King se transformava no próprio interlocutor.

Ele gostava de falar sobre seus quatro anos de prisão e suas cinco aparições malsucedidas perante um conselho de liberdade condicional. "Meu passado criava uma barreira com aquelas pessoas, sabe? Eu precisava cumprir toda a minha sentença, precisava aprender a me adaptar e ser capaz de meditar num recinto cheio de homens violentos. Tarefa nada fácil. Só ir na latrina já era puro inferno. Você podia acordar no meio da noite precisando mijar. Que visão no mictório. Prisioneiros chupando guardas. Guardas pagando boquete para prisioneiros. Um homem comendo a bunda de outro. Que diabo, cara, você precisa ter a cabeça em ordem."

Na mesa ao lado, Hunter Thompson se inclinou até John Vinocur e disse: "Genet de segunda categoria".

"Eu decidi estudar", disse King. "Fiz uma lista de livros para ler. Tive a minha educação na prisão. Li Freud. Ele quase pirou a minha cabeça. Peito, pênis, ânus. Um troço poderoso. Depois Masters e Johnson, Kinsey e..." Ele hesitou. "Knee's itch*, li muita coisa dele."

"Quem?"

"Knee's itch. Nigh zith."

---

* Em inglês, "coceira do joelho". (N.T.)

"Nietzsche?"

"Isso." Mas o erro cortou sua lábia. "É, cérebro e cerebelo, você tem que usá-los, foi o que eu aprendi com esse cara."

"Quem mais você leu?"

"Kant – *Crítica da razão pura*. Esse ajudou a minha cabeça. E li Sartre – fascinante! –, e depois o cara que escreveu o livro sobre Hitler, Shirer, li esse. E Marx, eu li Karl Marx, um filho da puta frio, Marx. Aprendi muito com ele. Hitler e Marx – eu penso neles em relação a algumas das coisas que estão fazendo aqui, sabe, o país é a família. Concentrem-se nos jovens."

Na mesa ao lado, após terminar sua bebida, Hunter Thompson disse: "Genet de última categoria".

Mas King não o escutou. Por que King deveria se importar? Ele provavelmente havia lido Genet. O cansaço e a felicidade dos mil perigos de promover com sucesso aquela luta eram um bendito peso nas suas costas. "Sim", ele disse, "eu encaro esta noite como uma experiência classicamente satisfatória."

9. Rei dos lacaios

Hunter Thompson era alto e tinha a compleição comprida de um jogador de futebol americano de escola pequena. Embora fosse meio careca e ligeiramente passado dos trinta, nunca perdia esse ar. Ele podia estar sofrendo uma agonia física, mas nunca aparentava estar sentindo mais dor do que aquela que se mostrava em sua testa alta, geralmente coberta pelo orvalho de um suor discreto. Ele transpirava. Esse era o único preço que parecia pagar por engolir mais produtos químicos para levantá-lo e derrubá-lo do que qualquer outro bom escritor vivo. Ele provavelmente conseguiria beber mais cerveja do que uns cem homens juntos. Tinha obviamente uma constituição física memorável. Àquela altura, entretanto, estava tão detonado que guinchava se você espetasse um dedo perto de sua barriga. Ele era uma pilha de nervos equilibrada em outra pilha de nervos rodando sobre patins guinchantes. Estava ali para cobrir a luta pela *Rolling Stone* e detestava os arrebatamentos celestiais de todos os que estavam ali felizes com a luta. Ele detestava sua tarefa. Hunter deu uma olhada em Kinshasa e tentou fretar um avião para Brazzaville.

Não conseguiu, é claro, encontrar um avião. O desastre nacional do Zaire não estava se comunicando com o desastre cívico de Brazzaville. Três dias antes da luta, Hunter ainda tinha em seu rosto a expressão de já ter escrito a reportagem em Brazzaville. Ele estava em estado de altíssimo choque. Parecia um jogador que acabou de ser agarrado pelo pescoço e só consegue andar na ponta dos pés. No bar no terraço do Inter-Continental, ele dizia "Genet de segunda categoria" com o ingênuo "Uau" de um protagonista que ouve indizíveis sons de colisão em sua cabeça, garganta e esôfago conforme cerveja e espuma despencam pela goela.

Quando pensava em Don King, Mailer lembrava do comentário de Hunter Thompson, "Genet de segunda categoria". Nunca uma matéria parecera mais pronta para o repúdio sensacional que Hunter podia dar à loucura organizada. Contudo, qualquer bom escritor sabia que a sátira, neste caso, ultrapassaria os limites. Era como entrar numa mina de ouro e descobrir que os brilhos que se enxergavam não eram ouro e sim metade esterco de cavalo, metade capim amarelo. Se King fosse branco, que texto incrível daria para fazer – um trambiqueiro com um talento puro para o vulgar. Reconhecê-lo como negro era vê-lo como alguém talentoso com um trambique, mais uma incorporação da filosofia orgânica que chegava agora, com séculos de atraso, da savana e da floresta tropical. O mundo tecnológico, vagando na confusão de uma racionalidade que havia tirado a ferrovia dos trilhos, podia estar precisando da cultura negra. "Ali motiva até os mortos", dizia King, e ele estava falando de poderes humanos naturais. Alguns homens os têm mais do que os outros. Ali os têm. Ele motiva os mortos. Uma habilidade incomum, mas não imaginária.

É claro que Don King, sem sabê-lo, poderia estar envolto no mesmo manto filosófico de Ogotemmêli.

Cada humano nasce, diz o nosso sábio dogon, com duas almas: uma do sexo masculino e outra do feminino – duas pessoas distintas habitam cada corpo. A alma feminina de um homem será encontrada no prepúcio; o homem existente na mulher vive no clitóris. De volta à *Política do sexo*. Don King, lendo Freud, podia sentir seu inconsciente reagindo de modo inédito a certos conceitos de uma cultura perdida que ele não sabia possuir. "Peito, pênis, ânus. Um troço poderoso. Integral."

A motivação negra não era a motivação branca. O absurdo para o branco era fato comum para o negro. Na África, Norman tentaria observar com os dois olhos em vez de um só.

Primeiro, era de se imaginar, ele precisava observar a si mesmo. Naquela noite, depois de beber com King, Norman se viu na sacada de seu quarto. Talvez constasse do projeto original, ou talvez os parapeitos tivessem subido de preço antes que o Inter-Continental ficasse pronto, mas todos os quartos tinham uma extravagância arquitetônica – a sacada não tinha parapeito. Não chame de sacada, chame de marquise. Você chegava nela ao abrir a grande janela da sala. A marquise tinha a largura do quarto, três metros e meio mais ou menos, e se projetava em um metro da janela até a beirada. Da beirada desprotegida você podia olhar para baixo de uma altura de sete andares.

De cada lado da marquise havia uma parede divisória de concreto; também com um metro na largura, mas correndo do chão ao teto. Talvez sua função fosse impedir que um gatuno tivesse acesso aos quartos percorrendo a marquise.

Claro, não demorou para ficar evidente que a divisória poderia não passar de uma restrição ideológica.

Alguém poderia dar a volta naquela parede lateral para chegar à marquise seguinte. Seria necessário inclinar o corpo para trás no movimento, e não haveria nada para segurar naquele instante senão ambos os lados da divisória. Esses lados tinham quinze centímetros de distância entre uma palma e a outra, ou seja, quinze centímetros de espessura. Segurando-se dessa maneira, você sem dúvida poderia se desequilibrar, perder o apoio e cair. Não era muito provável, é claro. Você teria de se inclinar muito para trás até que suas mãos (agarradas firmemente, podemos ter certeza, em ambos os lados da parede) acabassem escorregando. Provavelmente não haveria nenhuma façanha física no ato. Não obstante, a oportunidade de girar em volta daquela parede até a sacada ao lado dava vertigem. Que jeito ridículo de morrer. O que poderia ser mais ridículo do que um suicídio acidental? Uma recordação do fim de Hemingway casou-lhe um arrepio. Certa vez, Norman subira uma escada no estúdio de um homem que morrera no ano anterior. Com o coração batendo ridiculamente naquela escada dobrável, galgou do penúltimo degrau até o topo. Lá em cima, no degrau superior, seu corpo vacilou de lá para cá como um diapasão. Norman sentiu-se preso a uma corrente que não tinha nada a ver com ele. Escalara o mastro para entrar numa tormenta de forças mágicas. Desceu a escada tremendo! Ele teve motivos para ter medo. Numa ocasião um pouco antes, naquele mesmo período de sua vida, enquanto cobria a segunda luta Ali-Liston, então programada para Boston, sofrera por dias antes de dar alguns passos sobre um parapeito. O parapeito tinha trinta centímetros de largura e não exigia nenhum equilíbrio excepcional. Mesmo assim, eram quinze passos ao longo da beira do telhado de um prédio velho e alto em Beacon Hill. Ele ficara angustiado por vários dias devido à obrigação de fazê-lo. Finalmente o fez. Uma hora depois, os músculos da virilha de Ali se rasgaram. A luta foi adiada por meses. Como se pode saber com clareza se a caminhada no telhado estivera conectada ou absolutamente desconectada com a lesão de Ali? Uma pequena obsessão para um mágico.

Nos últimos dias, ele passara por tentações semelhantes. Uma disputa pelo título dos pesos-pesados era um vórtice; não surpreende que o turbilhão nos arraste. Mas por anos ele vinha tentando evitar acrobacias. Elas estavam longe demais da capacidade diária de viver num equilíbrio razoável entre a coragem e o medo; tais cambalhotas privadas eram desmedidas. Norman sabia que conseguiria passar para o outro lado daquela parede. Mas e se ele tivesse novamente aquele tremor involuntário que sentira no topo da escada naquele dia de verão uma década antes? Desse modo, manteve a possibilidade de contornar a parede rumo à sacada ao lado como uma possibilidade que ele simplesmente não testaria. Por consequência desse pensamento, Norman sentiu-se desleal com Ali. Sabia que as chances de Muhammad, se ele fizesse aquilo, seriam maiores do que se não fizesse. E ficou furioso pela vaidade. Ali não precisava de sua magia desprezível – "Ali motiva até os mortos". É claro que, levando Foreman em consideração, talvez Ali precisasse de toda ajuda que pudesse encontrar.

Naquela noite de sábado, muito depois da pesagem, não podre de bêbado, mas bêbado na medida certa, mente clara, membros funcionando com a destreza de um motorista que consegue dirigir depois de encher a cara, ele voltou para o quarto, abriu a janela na maior calma, saiu pela sacada – eram quatro da manhã de domingo –, pousou uma mão em cada lado da divisória, esgueirou o corpo até a sacada ao lado, balançou a cabeça em um sinal de afirmação, voltou para sua própria sacada, executou a mesmíssima travessia rumo à sacada do outro lado, balançou a cabeça de novo, retornou, entrou pela janela, se atirou na cama e, antes de cair no sono, teve tempo de dizer a si mesmo: "Porra, como foi fácil".

Claro, ele fizera tudo aquilo estando livre do medo. Com a liberdade que a bebida nos dá. Pela lógica das equações mágicas, era concebível que ele tivesse invertido os sinais; ficar bêbado poderia significara reversão de todos os sinais. Você poderia estar trabalhando para o oposto do que deseja. Assim, pela manhã, ele não fazia a mais remota ideia se levara ajuda e conforto para os muçulmanos ou para os Foreman; e quase não se importava. Um elemento modesto naquela colisão vindoura, ele devia ter sido apanhado por forças que até poderia considerar familiares, mas mal compreendia. A disputa pelo título de Campeão dos Pesos-Pesados é tão energizada quanto um campo magnético. Assim, ele não tinha a mais remota dúvida quanto à sua própria sanidade, apenas a lamentável sensação de estar sendo atiçado por marés mágicas que jamais veria.

Lá embaixo, naquela manhã de domingo, Bundini disputava uma guerra com Elmo. O *"Oyê... Foreman boma yê..."* já havia dominado o saguão por tempo demais. Bundini pegara em armas por seu chefe. Uma multidão se reunira em torno de Bundini e Elmo, postados a um metro de distância um do outro, uma medida certa, não seria prudente ficar face a face. Ambos falavam sem parar. Não era uma gritaria, e sim uma disputa – as duas vozes tiniam. "Teu lutador ninguém treinou, nem a cabeça ele sabe mexer. Meu cara vai bater até ele sangrar e morrer", Bundini gritou. Após martelar sua lógica de rima em rima, acrescentou: "Deus vai deixá-lo inerme, chorando como um verme, dá uma folha de repolho pra ele comer, seu babaca!".

Elmo, imperturbável, ergueu três dedos e os meteu na cara de Bundini. Elmo lanceava um orifício três vezes pernicioso: duas narinas e uma grande boca. "Em três", Elmo disse com a maior solenidade, "o gigante sorri, Muhammad Ali."

No círculo em volta dos dois, praticamente todo mundo trabalhava para Foreman. Eles riam, *"Foreman boma yê, Foreman boma yê"*, Henderson ficava repetindo para tudo que Bundini dizia num volume ligeiramente maior do que a voz que gritava de volta. A voz de Bundini ficou rouca, sua linguagem se obscureceu. A pressão certamente fazia efeito nele. Atrás de Henderson, dois metros atrás, com a cabeça enfiada num livro, via-se Foreman. Seu enorme cão policial, Daggo, criado nos canis do próprio George, estava parado junto dele. Por todos os lados havia sparrings e membros do séquito. Cada vez que Bundini começava a falar, eles o abafavam aos berros. "É o caralho", gritavam. A língua de Henderson declarava: "Em três ele sorri". Fazer pausas estava saindo caro para Bundini. "Morto Ali, gigante sorri. *Oyê*", troava Elmo, *"Oyê!"*

"Você chama isso de som?", rugiu Bundini, *"oyê?"*, seus olhos saltavam para fora da cabeça. Seus olhos pareciam prestes a ser expelidos do crânio. Cairiam no chão fazendo plop.

"Foreman acerta Ali. Muhammad está morto", disse Elmo.

"Ele nunca vai acertá-lo. Meu cara vai dançar. Meu cara vai saber se esquivar. Ele é um gênio, ele é um deus, e o teu cara é um bundão. Foreman vai beijar o chão. Vai ficar se contorcendo", disse Bundini, sua voz perdendo gordura, *"Ali boma yê."* Vaias e assobios.

"Em três ele sorri", Elmo falou solenemente.

"Paga pra ver então!", Bundini gritou. Ele estava espremendo o que restava de suas cordas vocais. "Eu tenho um cara no meu corner que tá pronto pra lutar. Eu tô pronto pra ir com ele. Quem você tem? Teu cara tem um cachorro de estimação e um doido como companheiro."

Foreman levantou a cabeça pela primeira vez e o cão levantou a cabeça junto. Resolutamente, Foreman enfiou o rosto de volta no livro. Mas uma onda se propagara. Foi suscinta. Era como se dissesse: "Brincadeira é brincadeira. Mas tira essa bunda do meu travesseiro".

Havia gente demais trabalhando para Foreman. Havia algo de incansável na voz de Elmo Henderson. Bundini, socando o ar com os olhos arregalados, começou a se dirigir para o elevador. Talvez tivesse tentado minar o campo errado. Mas Elmo e os sparrings o acompanharam no deslocamento. Cerca de dez negros grandes se apertaram no elevador com Bundini, cuja voz foi calada ruidosamente pelo fechamento da porta. Imagens de caos surgiram na mente – Ele seria seguramente estraçalhado.

Contudo, à noite, lá estava Bundini comendo no restaurante do pátio ao ar livre com sua esposa Shere, uma jovem branca do Texas com cabelos ruivos, olhos verdes, teimoso nariz arrebitado e um sotaque das profundezas da terra natal. Shere (pronunciado como Sherry ou Cherie) parecia tão americana quanto o menino sardento cujo rosto aparece nas caixas de cereal matinal. Bundini a chamava continuamente de "Mãe". Ela o chamava pelo primeiro nome, Drew, de Drew "Bundini" Brown.

Mailer estava confuso. A última vez em que vira Bundini tinha sido anos antes, e Bundini era casado com uma jovem judia. Seu filho, ele dizia com orgulho para todos, fez o bar mitzvah. Um bonito rapaz negro, alto, com encaracolados cabelos judeus, Drew Brown Jr. costumava cumprimentar os amigos judeus de Bundini com "Shalom, aleichem shalom". Aos amigos negros o rapaz falava "Comece a correr, filho da mãe".

Uma vez, quase dez anos antes, em Las Vegas por causa da luta Ali-Patterson, Mailer e Bundini haviam bebido juntos. Na época, Bundini tinha sido demitido por Ali devido a certo malfeito não revelado. Era óbvio que ele ainda nutria sentimentos por Ali, mas, se o nosso cara decidiu nos rejeitar, a lógica de quem precisa se virar é trabalhar contra o cara. Bundini, portanto, tentara uma conexão com Patterson. Ele conhecia, afinal de contas, todas as fraquezas de Ali. Patterson, contudo, não deixou Bundini nem chegar perto. Patterson não confiava nele. Bundini, com auxílio de George Plimpton, teve de se contentar, assim, em escrever uma bela matéria para a *Life* revelando as melhores táticas que Patterson poderia usar. Pelo fato de que Floyd ficara mal das costas no segundo assalto depois de lutar sob imensa dor devido a um disco deslocado e um espasmo muscular, um embate bravo, mas sofrido, a dica de Bundini – de que Patterson deveria encurralar Ali como numa briga de rua, exatamente o que Frazier faria seis anos depois – provou ser acadêmica. De todo modo, Bundini passou todo aquele ano numa maré de azar – não havia ninguém a quem ele não devesse dinheiro.

Em compensação, Bundini jamais se mostrara tão simpático. Seus olhos chegavam a irradiar quase tanto amor quanto os olhos de Don King, e sua voz ficava tão rouca quanto a própria germinação do pensamento. Bundini não sabia nem ler nem escrever – era o que alegava –, mas sabia falar. Seus comentários eram cheios de metáfora. Sobre a luta Ali-Foreman, comentou com a imprensa: "Deus armou desse jeito. Este é o final do livro. O rei conquistou o trono ao matar um monstro e o rei vai retomar seu trono matando um monstro ainda maior. Este é o final do livro." Sobre os treinamentos ele propunha: "Você precisa ficar de pau duro, e aí você não pode amolecer. Você deve ter cuidado pra não perder o tesão, e cautela pra não gozar". Sobre George Plimpton, que lhe emprestou dinheiro no período em que esteve banido da equipe de Ali, Bundini disse: "Eu sempre serei leal a George, porque ele cuidou de mim quando meus lábios estavam rachados".

Norman e Bundini poderiam ter se tornado amigos – o escritor respeitava o estilo com que Bundini sabia enfrentar os problemas. Numa época em que os credores se preparavam para quebrar suas pernas, Bundini torrava seus últimos quatrocentos dólares em oito lances de dados e ia embora com um sorriso triste e sábio. Como muitos trambiqueiros, ele era *doce*. Podia chorar como uma criança – de fato, chorava quando quer que Ali boxeasse com beleza, chorava com a generosidade do Senhor em proporcionar tamanha bem-aventurança atlética –, e seus olhos cintilavam de amor com qualquer comentário que estimulasse seus próprios poderes metafóricos. Então transparecia em seu grande rosto redondo a felicidade simples, sua grande voz rouca cantarolava em admiração por essas maravilhas de sabedoria. Isso era metade dele; Bundini era igualmente orgulhoso de sua outra alma. Se por um lado ele era todo emoção, por outro podia se mostrar insensível; se tinha classe, também podia não ter a menor classe; daria sua vida por um amigo e você até acreditaria nele, mas "era capaz", segundo um crítico, "de tirar as moedas de dez centavos dos olhos de um morto e botar de volta moedas de cinco centavos". Não era surpreendente que tivesse um físico tão singular. Com mais de um metro e oitenta e uma grande bola de cristal no lugar da cabeça, tinha ombros estreitos, uma pequena barriga saliente que parecia centrar seu melão no diafragma e longas pernas finas – era o corpo de um astronauta que cresceu numa cápsula espacial. Contudo, havia lutado em competições da Marinha quando adolescente; mesmo agora, ninguém faria pouco de Bundini (com exceção de Ali, que o esbofeteava à vontade, como se estivesse lidando com uma criança incorrigível). Bundini era feio como uma boca cheia de dentes de ouro e bonito como veludo negro; chamava sua jovem esposa de "Mãe", mas, em sua época, tinha sido tão paternal quanto qualquer outro jogador: uma matéria de revista certa vez falou de seu desejo de ser um "cafetão comercializável". E então ele vendeu entrevistas que contavam tudo de sua vida, e distribuía metáforas de graça; não sabia soletrar uma única palavra e tinha uma dúzia de roteiros de cinema que estava tentando vender, de autoria sua, segundo afirmava. Vem à mente o "Flutua como borboleta, ferroa como abelha". Bundini era uma definição ambulante da ideia de que todo humano nasce com duas almas – duas pessoas distintas habitando cada corpo. Se os africanos não tivessem o conceito, seria preciso inventá-lo. Que choque de Nommo contra n'golo. Aquela vitalidade toda, aquela excitação toda. As duas nunca se uniam. Depois de um tempo, Norman e ele deixaram de ser amigos. A briga foi séria o bastante para que não se falassem por anos. Mas no mundo da luta se chacoalham velhos preconceitos como castanholas. Uma vez que ele e Bundini continuavam topando um com o outro em lutas, e uma vez que Bundini continuava a lhe dar pequenas ajudas, quer ele as desejasse ou não, os dois afinal voltaram a conversar um pouco, ainda que um pouco ressabiados. Durante anos eles trocaram nada mais do que poucas palavras.

Naquela luta, Bundini estava mudando os termos. Certa tarde, enquanto andava pela margem do Zaire depois de visitar Ali, Norman ouviu uma voz que gritava para ele de uma vila vizinha.

"Olá, No'min. Vem aqui."

O tom não era agradável, mas ele ficou curioso para saber quem estava chamando. Meio tarde demais, constatou que se aproximava de Bundini, parado no pórtico da vila e cercado por um grupo de amigos negros. Ele andara bebendo. Sem meias palavras, estava bêbado. Com Bundini era fácil dizer. O branco de seus olhos ficava tingido de um amarelo-gema e sangrado por teias de vermelho. Seu hálito era insuportável.

"Aprendi", ele declarou a Norman, "o significado do meu nome em africano hoje. Fui abençoado. Você foi abençoado com o quê?"

"Encontrar você."

"Você está falando como se eu ainda fosse um crioulo. Crioulo é coisa de ontem. Eu fui abençoado pelas raízes. Estou em harmonia. Você foi abençoado com o quê?", perguntou de novo. Bundini estava tentando provocá-lo. "Mostra tua bênção", ele disse, "mostra tua bênção." Uma provocação, sem dúvida. Os outros negros riam com as possibilidades de uma briga.

"Minha bênção é te ouvir batendo as gengivas." Dificilmente uma resposta boa. Os pontos já se acumulavam para Bundini.

"Minhas gengivas negras estão escuras de miséria e espanto. As joias da opressão estão brilhando em minhas gengivas negras, filho da mãe."

"Você está falando das suas gengivas negras bar mitzvah?"

Nenhum sorriso da plateia. Bundini o tratava como um estranho. "Aprendi meu nome negro hoje", ele disse, "aprendi o que Bundini quer dizer."

"Quer dizer o quê?" A resposta fora fraca. Nesse jogo não se contemporizava. Era preciso atacar com violência.

"Bundini significa que voltei ao sangue do meu povo. Eu sou o campanário. Eu sou o centro de tudo. Meu coração negro é lindo. Bundini! *Algo escuro* é o que dizem que Bundini significa. *Algo escuro*", disse Bundini, saboreando a tradução.

"*Não tão escuro* é o que significa." Pela primeira vez os negros em volta de Bundini riram um pouco.

"Você só tá com inveja", disse Bundini, "porque não tem um nome em africano, filho da mãe. Você não tem nem um pouquinho da essência negra. Só tem troço branco na tua veia. Seu sangue tá na cadeia, filho da mãe. Você caga gemendo na relva, tem medo da selva. Você tem medo da selva, filho da mãe!"

"Eu só queria que a minha mãe estivesse aqui", Norman conseguiu dizer, "porque, se estivesse, ela te dava uma surra!"

Talvez sua voz tivesse captado algo do tom de Ali, ou talvez a coisa simplesmente já tivesse durado bastante, mas todos caíram na gargalhada, e Bundini lhe bateu na mão como se agora ele fosse um Negro Honorário. Na onda de bons sentimentos que aquilo proporcionava, Norman também sentiu que certas coisas que não conseguia perdoar em Bundini começavam a evaporar. Só depois lhe ocorreu que, mesmo bêbado no meio da tarde, Bundini manteve a perspicácia de escolher as provocações como maneira de restabelecer as relações, e sem dúvida manteve a perspicácia de lhe dar a vitória.

De modo que naquela noite, passando pela mesa na qual Bundini estava sentado com Shere, foi impossível recusar sua oferta de um drinque. Em pouco tempo Norman também aceitou seu convite para jantar, e ficou tentando imaginar o que Bundini teria em mente, pois ele não parava de ir a outras mesas para promover seus interesses comerciais, que eram numerosos, diversos e secretos. Shere puxou conversa com Norman sobre o mercado de marfim, apartamentos em Nova York, seus filhos e aquelas semanas com saudade deles, e afinal eles falaram da ausência de mulheres brancas em Nsele, que motivara seu desejo de se mudar para o Inter-Continental. "Chegou a um ponto em que eu não podia botar um maiô sem criar um pequeno tumulto." Verdade, ela tinha corpo para tanto, mas algo forte e determinado em suas feições não sentiria prazer algum em provocar tal agitação. "Em Nsele eu só ficava no meu quarto. Drew saía para trabalhar com Ali e nem percebia nada, mas eu estava enlouquecendo. É bem melhor aqui."

Lá pelas tantas, Drew voltou. Ele se mostrava alternadamente rabugento e gentil com a esposa. Estava preocupado. Ele perguntou sobre o humor de Ali, e os dois conversaram a respeito por um tempo, já que Norman havia passado a tarde com Ali em Nsele. Tinha sido um domingo curioso. A voz de Ali o abandonara. Quer fosse o resfriado que parecera estar chegando na noite da corrida ou uma simples laringite por falar demais, Ali não conseguia oferecer mais do que um sussurro rouco – perspectiva assustadora para a luta se a voz fosse a medida de sua força. No entanto parecia bem feliz. Ao entardecer, deu um passeio às margens do rio e foi cercado por centenas de homens, mulheres e crianças zairenses. Beijou bebês e tirou fotos com inúmeras donas de casa negras, jubilantes em seus vestidos domingueiros africanos, e com tímidas garotas adolescentes, e com garotinhos que encaravam a câmera com um machismo à altura do significado daqueles eventos históricos. E o tempo todo Ali beijava bebês com tranquilidade, lentamente, saboreando aquelas peles, como se pudesse adivinhar quais crianças cresceriam saudáveis. Ele parecia um daqueles políticos que adoram beijar bebês.

Na vila outra vez, em companhia de amigos e familiares, ficou falando num tom baixinho e tenso. "Não fale demais", Pat Patterson repetia. "Descanse a voz."

Ali deu de ombros. "Ah, eu preciso falar", ele disse. "Eu morreria se não pudesse falar. Mas vou cuidar para não falar demais."

Ele começou a assistir a cassetes de vídeo das lutas de Foreman. Foi uma curiosa meia hora do início da noite. A sra. Clay estava lá, e ela era uma mulher gorducha e muito bonita de pele clara, uma dama do sul, quase parecendo, de fato, uma versão matronal de Julie Eisenhower, ou, mais precisamente, digamos que dá para ver como será o possível aspecto de Julie Eisenhower quando ela tiver a idade da mãe de Ali. Agora, enquanto Ali observava a luta Frazier-Foreman, sua mãe, sentada do outro lado da sala de estar, olhava junto. Outra vez George aparecia em seus calções vermelhos e tratava de demolir Frazier, fustigando a cabeça dele com golpes de marreta. De novo veio a visão do rosto de Frazier enquanto ele se levantava no primeiro assalto parecendo um homem sobre quem uma parede acabou de desabar. Ele está de pé novamente, mas o céu parece girar à sua volta.

Quando Frazier caiu pela terceira vez e Foreman se afastou em seus calções vermelhos, a sra. Clay disse: "Esse vai ser Ali de calções vermelhos".

Ali assistiu às filmagens com um estranho bom humor, como se houvesse algo no que estava vendo que ele certamente usaria dali a duas noites. A luta com José Roman em Tóquio foi mostrada em seguida, uma luta em que Roman deu um total de seis golpes antes de Foreman dar um. Nenhum dos golpes de Roman atingiu Foreman. Então Foreman desferiu 24 golpes contra três de Roman. Mais da metade dos golpes de Foreman atingiu o alvo. Ele bombardeava os braços de Roman para alcançar seu corpo. Roman, deitado no chão, tinha nos olhos o brilho de um animal moribundo. Depois um vídeo da luta Foreman-Norton. Ao todo, Ali assistiu a três lutas com Foreman, somando cinco assaltos e doze quedas de seus oponentes. Ele parecia satisfeito. Alguma coisa ele vira. Alguma coisa que poderia usar. Quem poderia saber o que era? Toda vez que Foreman derrubava um adversário, a frustração aparecia em seu rosto. Foreman parecia querer matá-los.

Bundini, após ouvir o relato de Norman, assentiu sombriamente com a cabeça e disse por sobre a mesa: "Jesus não tem medo".

"Você quer dizer que Alá não tem medo?"

"Eu chamo Alá de Jesus. Tudo vem de Deus. Como quer que você queira chamá-lo. Meu cara está bem junto com Jesus, Alá, Jeová. Ele tem tudo."

Aos poucos veio à tona o motivo do convite de Bundini para jantar. Ele queria que Norman desse uma olhada em seus roteiros e o aconselhasse.

"Mas eu achava que você não sabia ler nem escrever."

"Eu não sei. Mas sei falar. Pessoas anotaram as minhas palavras. Eu quero que você anote algumas das minhas palavras."

"Drew – por que você não aprende a escrever? Você consegue. Está na hora."

Bundini fez uma cara séria e muito triste. "Eu tenho medo", ele disse. "Aprendi o que aprendi sem saber ler, sem saber escrever. Minha força está no mesmo lugar que o cabelo de Sansão. Ler e escrever é Dalila para mim. Não quero perder a mágica que Deus me deu. Preciso lutar pelo meu garoto", ele disse. "Ele faz de tudo pra lutar. Preciso fazer de tudo também." Ele fez uma bela confidência. "Estou afiando o ferrão. Vou meter a agulha no Foreman esta noite."

"Como você vai fazer?"

"Ah, eu vou até eles pra apostar um dinheiro em Ali. Mas não vou pedir 3 por 1. Vou dar dois mil dólares contra os três deles. É certo que vão ficar preocupados. Vão ficar pensando de onde eu tirei a confiança. A coisa vai chegar aos ouvidos de George Foreman."

"Você tem mesmo dois mil dólares de verdade?"

"É melhor que seja de verdade!"

Eles riram.

E assim, no meio do mesmo saguão em que Bundini havia sido derrotado aos gritos por Elmo Henderson na manhã de domingo, Bundini voltou para pelejar na noite de domingo. Elmo não estava por perto. Sem dúvida Bundini havia escolhido um momento em que Elmo não estava por perto.

Depois de atrair alguns integrantes da turma de Foreman, entre eles o sparring Stan Ward, Bundini começou a provocar. "Não quero 3 por 1, não preciso 3 por 1. O *meu* homem é 3 por 1."

"Então dê 3 por 1 *pra gente*", Stan Ward disse.

"Eu daria. Se Deus estivesse aqui, eu daria. Mas Ele não está. Ele não se associa a lacaios que trabalham pra George Foreman, aquele grandalhão, aquele branco grandalhão. Eu não dou 3 por 1 pra vocês porque não dou vantagem pra gente que trabalha pro Homem Branco."

"Então por que você não pede 3 por 2 em vez de 3 por 1", alguém falou com desconfiança.

"Porque vocês são uns fanfarrões. Qualquer um que trabalhe pro Homem Branco é um fanfarrão. Um fanfarrão precisa de vantagem. Eu tô dando vantagem. Você vai nos cassinos e tenta fazer sua aposta. Você precisa botar três pra ganhar um. Vocês se cagam de medo de fazer isso. Porque vocês conhecem o Homem

Branco que está lá em cima. Conhecemos os defeitos dele. Vocês sabem que vão perder."

"Foreman não vai perder", disse Stan Ward.

"Me dê a *sua* aposta", disse Bundini.

"Quanto você tá botando?"

"Meus dois mil dólares tão aqui na mão", Bundini falou, tirando um rolo de dinheiro do bolso. "Agora me mostra, crioulo, onde tão os teus três mil dólares."

"Não consigo arranjar imediatamente", disse Ward. "Mas de manhã já consigo. Te encontro aqui às onze da manhã."

"É, se o Homem Branco te disser que agora você pode mijar, aí você vai mijar", disse Bundini.

"Ele não é o Homem Branco."

"Não é o caralho. Lá estava ele nas Olimpíadas, um grande bobo grandalhão fazendo dancinha com aquela minúscula bandeira americana naquele grande punho idiota. Ele não sabe o que fazer com um punho. O meu cara sabe. O meu cara levanta o punho no ar quando vence. Poder para o Povo! Esse é o meu cara. Ele tem milhões de seguidores. Quem segue o teu cara? Não tem ninguém pra seguir ele", disse Bundini, "é por isso que ele cuida dum *cachorro*." Subitamente os seguidores de Foreman rugiram de felicidade. O kuntu era audácia, e eles estavam prestando sua homenagem ao espírito de audácia encarnado em Bundini. "Vocês estão dispostos a morrer por que coisa?", perguntou Bundini. Ele lhes respondeu: "Por nada. Vocês não estão dispostos a nada. Mas eu estou disposto a morrer por Muhammad. Coloco em jogo meu pão de cada dia. Não preciso ir consultar alguém e voltar aqui às onze da manhã com meu pau na mão, pedindo permissão pra mijar. Coloco em jogo meu pão de cada dia. Se eu não tiver pão, caio morto no chão. Sem farinha eu apodreço no forno", cantou Bundini. "É disso que se trata. Muhammad Ali tem Bundini disposto a morrer, e o Homem Branco tem o quê? Vinte e dois crioulos e um cachorro."

O pessoal de Foreman rugiu com a imensa felicidade de saber que Foreman venceria e que mesmo assim o espírito da audácia não estava morto. Um negro muito corpulento, com uma bengala para a perna manca e pesados óculos de aro grosso para os olhos mancos, soltou uma gargalhada estridente, alta como um jorro de chafariz, e estendeu a palma da mão.

Bundini bateu nela, mostrou sua própria palma, o homem bateu de volta. Felicidade. Se as palavras eram golpes, Bundini era o campeão do reino dos lacaios. Longa vida a Nommo, o espírito das palavras.

N'GOLO

10. Feiticeiros

Na noite de terça-feira, a noite da luta (que em Kinshasa não aconteceria antes das quatro da madrugada de quarta), cerca de duzentos jornalistas suavam no Centro de Imprensa nos fundos do Hotel Memling. Aquela sala burocrática, com um piso sujo, paredes bege sujas e filas de cadeiras de alumínio com assentos individuais de plástico laranja-claro, foi rapidamente caracterizada pelo homem da AP, John Vinocur, como um ambiente semelhante ao Departamento de Emprego do Estado de Nova York. Um sistema ineficiente de ar-condicionado acrescentava seu bafo pegajoso ao calor.

Uma vez reunidos, os repórteres ficaram esperando na Sala de Imprensa por uma hora e meia. Das sete da noite às oito e meia, duzentos membros da imprensa abarrotaram uma sala cuja lotação máxima os bombeiros limitaram em oitenta e, sob a luz débil das lâmpadas fluorescentes, repórteres se amontoavam como uma cultura em rápido crescimento numa placa de Petri. Quem faz ideia dos comentários maldosos das bactérias? Os homens da mídia falavam com ardor sobre a falta de aptidão de Mobutu nas relações públicas, mas ninguém ousava sair dali. O encarregado da imprensa, Tshimpumpu, anunciara que desejava falar com os seus colegas. Por experiência, todos sabiam que a fala poderia conter informações essenciais para entrar no estádio, a menção de algum portão secreto, por exemplo, não indicado no ingresso mas fundamental. Além disso, era perigoso deixar de pegar o ingresso. O resto da noite poderia ser gasto com súplicas aos assistentes de Tshimpumpu, que seriam incapazes de tomar uma decisão sem ele. Pelo santo sangue de Deus, ninguém ia querer perder a chance de conseguir o ingresso agora.

No entanto, com a passagem da primeira meia hora e depois da segunda, as condições de convivência se tornaram intoleráveis naquela sala lotada. Depois de um tempo, você começava a reconhecer que havia objetivos mais importantes na vida do que conseguir credenciais para lutas. A autopreservação podia ser um deles. Uma hora na Sala de Imprensa do Memling, sob aquelas condições, era como um festival para células cancerígenas. Parte do tédio era uma escalada na promessa de futuras doenças.

Desse modo, Norman Mailer e George Plimpton caíram fora para tomar uma cerveja e, após encontrar uma mesa num café do outro lado de um parque atrás do Memling (o que permitia, portanto, ficar de olho na porta da sala de imprensa), puderam relaxar o bastante para tentar descobrir o propósito daquele modo peculiar de distribuir as entradas. Visto que nada poderia ter sido mais simples do que encaminhar um funcionário a uma sala onde ele pudesse distribuir os ingressos conforme cada repórter aparecesse para mostrar sua credencial – um método modesto e natural, usado na organização de outras lutas –, aqui era preciso especular quanto ao motivo: seria a volúpia burocrática por complicar as coisas? Ou Tshimpumpu queria encenar as obras de Franz Kafka? Se a primeira parecia ser a explicação mais provável, a segunda se mostrou por fim a melhor. Pois Tshimpumpu não apareceu. Coube a Murray Goodman, diretor de publicidade que representava os americanos e ingleses da promoção, Helmdale, Video Techniques, Don King Productions etc., o ônus de enfrentar a imprensa.

Plimpton e Mailer, a salvo do lado de fora, não faziam ideia, é claro, de como tinham sido sábios em sair, mas certamente percebiam isso, pois desfrutavam da cerveja, Primus, e do ar fresco africano. Começaram a falar sobre a sorte de Plimpton em encontrar um fetichista. No dia anterior, Plimpton havia mencionado que poderia ser interessante visitar um feiticeiro e comprar algo equivalente a um pé de coelho no qual tivesse aplicado sua mágica. "Todos os negros ricos de Kinshasa estão fazendo isso com seus próprios curandeiros particulares", Plimpton comentou, "e dizem que é muito caro. Você não gostaria de ir nessa comigo?"

"Nós compraríamos o feitiço para Ali, é claro", disse Norman.

"Sim, foi o que pensei", George disse. Seu rosto, no entanto, se contorceu quase imperceptivelmente, uma contração ianque, aquela sutil expressão tensionada de quem se prepara para apagar uma vela apertando o pavio entre os dedos. Norman julgou saber o que era. A história poderia parecer de mau gosto quando impressa. Eles sairiam como tolos se Ali perdesse e uns arrogantes se ele vencesse. Além disso, Plimpton poderia estar se perguntando como Norman Mailer se referiria a ele na reportagem.

"Pensando melhor", George disse com sua bela voz, tão reminiscente do gosto contido por piruetas bobas e felizes impropriedades que costumávamos ouvir na voz de Cary Grant, "pensando melhor, talvez devêssemos apenas pedir ao *féticheur* que faça sua mágica para termos uma boa luta."

"Me parece razoável", Mailer disse com relutância.

"Creio que sim", George concluiu.

Mas naquele momento, sentado no café, ele relatava seu insucesso. O *féticheur* pedira dinheiro demais. "O que elevou o preço, acho eu", Plimpton confessou, "foi sua perplexidade com a exigência não de amaldiçoar um lutador, mas de dar impulso a ambos. Ele teria queimado energia demais."

Mais tarde, naquela noite, depois de terem conseguido ingressos na mesma fila, na tribuna da imprensa, Mailer cutucou Plimpton logo após a imensa excitação do primeiro assalto. "Se tivéssemos comprado uma boa luta", ele disse, "agora estaríamos recebendo nosso crédito."

Isso foi depois. No jardim do bar, haviam começado a contar algumas histórias. Existia uma economia estudada entre os jornalistas. Para colegas próximos, alguns estavam dispostos a entregar grande parte de seu material. Se dois repórteres tivessem o mesmo *deadline*, talvez não oferecessem nada um ao outro (a menos que fosse o caso de perder o emprego, e mesmo assim!), mas quem escrevia para revistas tinha mais tempo e tinha meios para oferecer a mesma história em estilos distintos. Muitas vezes eles davam praticamente tudo de uma boa história com a certeza de que receberiam algo em troca no mesmo nível. Ninguém era mais escrupuloso nesse aspecto do que Plimpton, e ele nunca deixava de dar seu relato verbal de um acontecimento no melhor estilo narrativo, de modo que a literatura ia aparecendo – a história surgia enquanto ele falava. Você quase conseguia vivê-la sob sua própria percepção. E, quando não tinha uma história para oferecer em retribuição, podia ocorrer a Plimpton uma inspiração para equilibrar as coisas – naquela noite, por exemplo, ele proporia que os dois viajassem juntos até Nsele para visitar Ali pouco antes da luta, um passeio que acabaria por levar ambos ao vestiário de Muhammad trinta minutos antes de ele vestir o roupão e sair para o ringue.

Por outro lado, você tinha de dar a George tanto quanto ele lhe dava. Se os relatos não davam conta dos acontecimentos de hora em hora, certamente eles acompanhavam o dia a dia. Dessa forma, Mailer, provavelmente sentindo-se devedor enquanto os dois bebiam cerveja, empenhou-se em fazer um relato completo da entrevista coletiva de Foreman em Nsele no dia anterior. Confessou que estava começando a sentir uma surpreendente simpatia por Foreman.

É claro, falar de gostar de Foreman era retornar à teoria de Ogotemmêli das duas almas em um só corpo, porque Foreman no ringue, atuando como carrasco, simplesmente não era nem um pouco agradável. Ele podia inspirar assombro em seu franco desejo de demolir um oponente, sua taciturna relutância em parar de bater num homem com a luta interrompida (de modo que até o juiz mais autoritário precisava escolher um momento seguro para chegar em Foreman e lhe sinalizar que se afastasse), mas provavelmente não ganharia grande popularidade continuando a atacar adversários que já estavam caindo no chão. Tampouco alguém esqueceria o golpe de braço aberto que Foreman dera na parte de trás da cabeça de Frazier enquanto Joe, totalmente grogue, cambaleava pelo ringue. (Não tinha como não ser o pior golpe jamais visto num Campeonato de Pesos-Pesados desde que

Ingemar Johansson largara um de seus rochedos na nuca de Floyd Patterson). Não, Foreman não era simpático no calor de uma luta.

Nas coletivas de imprensa, no entanto, Foreman estava desenvolvendo um encanto considerável. Ele as dava raramente, mas as que dava eram muito boas, e na tarde de segunda-feira, depois de seu último treino, conversou com a imprensa no vestiário e se mostrou excelente. Talvez tamanho bom humor fosse resultado do treino. Foram só alguns assaltos leves com Elmo Henderson, mas conduzidos num clima tão silencioso e terno que era como assistir a uma apresentação de Marcel Marceau. Como que para celebrar a inteligência aplicada em seu treinamento, Foreman concentrou nesta última tarde o tema central de seu trabalho – encurralar Ali no ringue, levá-lo às cordas, empurrá-lo até o corner, extingui-lo. Elmo estava lá fazendo o papel do morto Ali perante o gigante que sorri, um palhaço comprido, magro e moribundo, trágico foi o rosto que Elmo emprestou a Ali em seus estertores finais, uma lúgubre contemplação da extensão da estrada que trouxera Muhammad até aquele momento, um sofrimento nas profundezas de sua própria destruição, sim, Elmo fez uma imitação comovente de como Ali procuraria empregar todo tipo de finta e astúcia enquanto dançava em volta de Foreman, mas George, mais e mais rápido, mais e mais feliz, seria o mestre do balé. Três doces assaltos. Os dois lutaram sem quaisquer socos fortes, só com batidinhas das luvas e leves estalos, golpeando um ao outro para mostrar não mais do que aquilo que poderiam ter feito, e Foreman estava encantado com Elmo. Ambos boxeavam no silêncio dos muros de um asilo, a falta de som nos movimentos de Henderson tão cheia de presença quanto o súbito clamor de qualquer *oyê* que ele gritasse em outros momentos, e Foreman estava imerso naquele silêncio, que ressoava dentro dele. Ele nunca parecera tanto um boxeador.

Mais tarde, no vestiário, como que por consequência do fim do confinamento, seu humor melhorou ainda mais. O treinamento estava encerrado. Ele não precisava mais pensar na luta de amanhã. Nunca um lutador parecera tão relaxado e confiante na véspera de uma luta. Sentado numa mesa de massagem no pequeno vestiário despojado, Foreman não se mostrava nem um pouco incomodado com os vinte e cinco ou trinta repórteres que o cercavam.

"Você está preocupado", um deles perguntou, "com o fato de que Ali pode ser mais rápido do que você?"

"Tudo depende da sua definição de rapidez", Foreman disse. "Eu não corro porque não preciso. Consigo acertar um cara no queixo rápido o bastante." Ele relaxou mais um pouco com a risada que provocou e foi paciente com a pergunta seguinte, já ouvida várias vezes: o que achava de lutar às quatro da manhã?

Dessa vez ele deu uma resposta diferente. "Como cresci em Houston, briguei diversas vezes às três e às quatro da manhã."

"Seus adversários eram duros?"

"Certo!", ele riu. "Eu não era imbatível naquele tempo", falou com a voz branda. Balançou a cabeça. "Percorri um longo caminho desde o tempo em que ficava parado na esquina da Lyons Avenue, pronto para encarar quem quer que aparecesse. Eu batia no cara e pegava os cigarros dele. Foi um longo caminho até lutar em Kinshasa, África" – ele se corrigiu –, "Zaire, por cinco milhões de dólares."

"Você acha que vai ser uma luta boa?"

Ele pensou por um tempo, como se estivesse atualizando sua mais recente avaliação de Ali. "Acho que vai ser uma luta justa", respondeu afinal com dignidade em sua voz tranquila.

"George, você parece relaxado", disse um repórter.

Então ele ficou efetivamente alegre. A admiração dos homens que lhe faziam perguntas devia ser palpável em sua carne. Ele parecia quase sensual em sua calma. "Vocês me relaxam", ele disse.

"Por quê?"

"Porque vocês me amam", respondeu (ele certamente podia acertar um repórter no queixo rápido o bastante).

A pergunta seguinte veio com a áspera e inimitável sensação de transição reservada aos repórteres britânicos. "Ali, é claro, não te ama", disse uma voz inglesa. "O que você acha do comentário dele de que vai lhe dizer algo pouco antes do início da luta que afetará sua mente?"

Foreman deu de ombros. "Acho que ele vai ter de dizer."

"Você gosta de falar durante as lutas?"

"Nunca tenho chance de falar muito no ringue. Quando eu começo a conhecer melhor o sujeito", George observou, "já está tudo acabado."

Assim foi a entrevista, curta, saborosa, sem socos violentos, cheia de confiança. Terminou alguns minutos depois com uma conversa sobre sonhos. Já estava registrado (por Plimpton, a propósito) que Foreman se lembrava de um sonho bastante complicado no qual ensinava um cachorro a patinar no gelo. Esse sonho já tinha um mês e um repórter pediu outro. Foreman admitiu que às vezes sonhava estar comendo um sorvete de casquinha e acordava com dor de barriga. Refletindo a respeito, daria para especular se isso não tinha algo a dizer sobre um medo das riquezas do mundo. Em matéria de gratificações financeiras, George era um campeão modesto. Na noite em que derrotou Norton, foi modesto a ponto de fazer com que um amigo convidasse várias garotas para uma festa em sua suíte, e mesmo assim logo se retirou para dormir sozinho em outro quarto. Foi o que se relatou.

Mas o tema dos sonhos pareceu irritar Dick Sadler. Seus quase quarenta anos administrando lutadores lhe diziam que não havia nada de bom em comer casquinhas de sorvete e acordar passando mal. Então ele deu fim à entrevista. "George", ele falou, "eu não sabia que você era tão importante até eles começarem a perguntar sobre os seus sonhos."

A confiança, na equipe de Foreman, nunca parecera mais forte do que na noite de segunda-feira. Jim Brown, escalado como um dos comentaristas de tevê, havia chegado à cidade – Jim Brown, a mais severa lenda viva do futebol americano, e ele aparentava ser o que havia sido, um gladiador profissional. Naquela noite, trinta horas antes da luta, Jim Brown abraçava totalmente o favoritismo de Foreman, assim, inflexível, sem encanto nenhum. Duro, implacável e sem qualquer humor na descrição da luta – correção: dotado de um humor duro e fechado. "Se Ali vencer a luta", sussurrava em nosso ouvido, "é porque a luta foi arranjada."

Para qualquer partidário de Ali, era difícil suportar a companhia de Brown. Contudo, como todos os heróis, ele era uma pessoa magnética, você ficava perto para ouvir suas palavras. De sua escura presença de aço emanava uma força plena e límpida, a clara força de seu conhecimento pessoal – o que Brown sabia, ele sabia mesmo. Ninguém mais tinha sido capaz de adquirir aquele conhecimento do modo como ele o fizera, e assim você se via obrigado a escutar e ponderar sua confiança, tentando descontá-la com o pensamento de que Jim Brown poderia estar falando sob as garras do ciúme. Não fosse por Ali, Jim poderia ser o atleta negro mais importante da América.

Havia outras vozes para ouvir naquela noite no saguão do Inter-Continental, como a de Marcellus Clay, pai de Muhammad, mas a julgar por suas feições, de fato, ele podia passar facilmente pelo pai de Jim Brown, pois parecia ter sangue indígena e era dado a beber como um gambá. Uma qualidade, no entanto, o filho compartilhava com o pai – ninguém os deixaria para trás – Clay Pai, pronto para beber com todo mundo, sempre disposto a praguejar e a apostar, a piscar para todo mundo – melhor ser mulher –, era popular com a imprensa, embora fosse difícil captar seu diálogo, pois ele tinha o sotaque rápido de Louisville, cheio de sons arrastados e intrincados pedaços de *fala*, era impregnado de uma cultura negra e sulista de pintores de anúncios, barbeiros, engraxates, cozinheiros de lanchonete. A imprensa, não obstante, adorava o que conseguia pegar de sua conversa sardônica, choramingante, saltitante, fungada, briguenta, estrondosa, tropeçante, salgada, intermitente, recendendo a uísque. "Tem mais mulherada bonita em Louisville do que as que estão aparecendo por aqui." Clay Pai existia muito antes de Cassius Clay, o clássico pai de pugilista – talvez o filho não saiba lutar, mas o velho sem dúvida sabe!

Na outra extremidade do saguão estava a sra. Clay, de quem Muhammad ganhara a beleza, e ela conversava agora com Dick Sadler, os dois absortos numa conversa das mais agradáveis, e quem poderia adivinhar os assuntos? Era preciso recorrer a tudo que restava de bons modos para reprimir a ânsia jornalística de bisbilhotar a conversa da sra. Clay com Dick Sadler.

Joe Frazier estava num elevador trocando impressões com Big Black sobre o problema de conseguir comprar um paletó que caísse bem nos ombros. Frazier torcia totalmente por Foreman. É possível que Joe Frazier jamais perdoe Muhammad Ali por tê-lo chamado de ignorante.

John Daly: No saguão, estava Daly, que botara o primeiro dinheiro pesado na promoção de Don King, dois milhões de dólares da Helmdale Leisure Corporation. Ele é jovem, tem um rosto londrino vivaz e alegre, pequeno, rude e bonito, animado como um jóquei feliz ou como um jogador famoso do futebol inglês, e seu pai está visitando o Inter-Continental agora, Tom Daly, um boxeador britânico *veterano* com algo como trezentas lutas em seu currículo, um homem pequeno e inteligente que apresenta um nariz que recebeu marteladas em todos os ângulos e algum dano aos ouvidos mas nenhum à mente, um belo cavalheiro, Tom Daly, que fala com respeito de Muhammad Ali embora balance a cabeça, "Faz tudo errado e se safa." Tom Daly administra uma escola de boxe em Londres e fala de lutadores como se fossem artesãos ou operários, confessando a deplorável situação de que todos os seus jovens aspirantes tentam imitar Ali. "É impraticável", exclama, "eles não têm sequer os fundamentos."

Bundini: ele está contando à plateia, "Hoje fui à Casa Negra. Hoje eu encontrei o cara e o beijei na bochecha. Vocês têm a Casa Branca, mas eu tenho a Casa Negra".

No jantar: depois de toda essa alegria no saguão, Clarence Jones, um advogado negro de Nova York, brilhante, bem capacitado, está agitado pela terrível notícia de que Leroy Jackson, advogado de Foreman, encontra-se agora em Londres tentando conseguir um adicional de quinhentos mil dólares para a luta, e afirma que Foreman não aparecerá no ringue até ganhar o bônus. Parece que grande parte dos cinco milhões de dólares já está comprometida – ele sente que não sobrou nada para si. Se Foreman não aparecer no ringue, o boxe não vai se recuperar tão depressa.

"Você acha que ele vai conseguir?"

"Não falo com John Daly nunca mais se ele der sequer um dólar adicional para Foreman", Clarence Jones afirma com dor. "Foreman é o campeão. Ele não deveria agir assim."

Na noite seguinte, com os ingressos da luta devidamente adquiridos, Plimpton e Mailer ainda estão falando sobre o incrível e horroroso *timing* das exigências de Foreman. A conversa ocupa boa parte do longo trajeto de carro até Nsele, longos 65 quilômetros já tantas vezes percorridos. As luzes do estádio estão acesas quando passam por ele; é a noite da luta. Os dois ruminam o estranho bom humor de Foreman em sua coletiva de imprensa na tarde anterior. Será que aquela animação era devida à ideia do golpe de meio milhão de dólares? Plimpton fala de como Daly vem supostamente lidando com a questão. "Pelo que entendi, ele está falando de contratos para lutas futuras. Em pouco tempo já será hora de entrar no ringue, tarde demais para Foreman. Dizem que Daly é um mestre nisso." Mas que tensão estranha para um lutador impor a si mesmo na noite de um grande combate. Poderia fazer algum bem a Foreman especular se sua demanda não seria somente um blefe que pode ser desmascarado enquanto ele se prepara para entrar no ringue? A manobra não é feia, é tola, e faz com que você comece a duvidar da confiança de Foreman. Por que um homem que espera ser campeão buscaria tal vantagem? Sim, devem existir duas almas no corpo de Foreman, e uma delas não é tão visível em coletivas de imprensa. Eles rodam pela noite africana na longa e deserta estrada de quatro faixas até Nsele – uma noite histórica para o Zaire –, mas a estrada está tão vazia quanto a sensação de como vai transcorrer a luta.

11. Uma viagem de ônibus

Antes do trajeto de carro eles pararam, porém, no Kin's Casino, e ali cada um perdeu um pouco no black jack. Era mais ou menos assim que Norman queria. Ele estava se sentindo vazio – a hora passada na Sala de Imprensa do Memling não tinha sido boa para o n'golo. Perder no jogo, portanto, era uma confirmação de sua opinião sobre a relação que havia entre a força vital e a jogatina. Sentindo-se com pouca sorte, ele tanto poderia desperdiçar essa má sorte no cassino quanto levá-la em visita para Ali. Nos últimos dias havia surgido uma tentação de dar outra volta pela divisória na sacada, só que dessa vez sóbrio. Ele se recusara terminantemente a reencenar a proeza, mas sabia o preço: a sensação de força em seu íntimo diminuiria. Até sentia um pouco de vergonha de torcer por Ali quando não estava pronto para enfrentar aquele pequeno desafio pessoal.

Quando os dois chegaram, Muhammad ainda estava dormindo, ou pelo menos não estava disponível para visitantes. Então eles deram uma passada na vila de Angelo Dundee e se sentaram por um tempo, no tédio silencioso de homens que se obrigavam a não sentir tensão cedo demais. Dundee era o anfitrião perfeito para tais sentimentos. Ele estava vivendo havia seis semanas no kuntu do tédio. As margens do Zaire não eram para Angelo, sábio homem de Miami. "Fiquei tão entediado", ele disse certa vez a Bud Collins, do *Boston Globe*, "que comecei a ensinar flexões aos lagartos." Considerado um dos homens mais espertos do boxe, gerenciara vários campeões; Carmen Basilio, Willie Pastrano, Jimmy Ellis, Luis Rodriguez e Ralph Dupas vinham à mente de imediato, e um formidável número de candidatos e atrações televisivas como Mike De John e Florentino Fernandez. No entanto, Dundee não era o empresário de Ali, era mais um treinador de luxo. Sua relação com Ali, embora antiga e profissionalmente íntima, dificilmente poderia ser chamada de impositiva. Ali o escutava, mas criticamente. Ali mandava em seu próprio treinamento havia anos. Para Dundee, trabalhar com Ali era lucrativo, mas dificilmente gratificante. Ele estava acostumado a se encarregar dos lutadores. Seu estilo era trabalhar com bons lutadores e tirar o máximo deles. Então, por exemplo, ele havia instruído Jimmy Ellis sobre como recuar na luta contra Jerry Quarry. "Não vão gostar", Dundee avisou a Ellis na noite anterior. "Vão te vaiar. Mas você vai ganhar a luta." Dundee vencera diversas lutas como essa e salvara diversas. Por uma luta ele era famoso. Houve o lendário momento em que Dundee botou Cassius Clay de volta no ringue no início do quinto assalto da primeira luta com Liston pela disputa do título de Campeão dos Pesos-Pesados. Clay estava cego naquele momento. De acordo com o que se soube depois, a substância cáustica que cobria um corte sobre um dos olhos de Liston grudou nas luvas de Clay e, entre um assalto e outro, foi esfregada por acidente em seus próprios olhos. Como não conseguia enxergar, Cassius demonstrava uma natural relutância em voltar para o quinto assalto e correr o risco de recuperar a visão sob a luz dos socos de Liston. Dundee, no entanto, estava pensando em questões mais elevadas. Como tinha uma reputação de ter boas relações – como poderia um empresário italiano saído de Miami não ter tal fama? –, haveria gritaria se Cassius Clay se recusasse a voltar para o quinto assalto estando à frente nos pontos, e gritaria redobrada quando o mundo descobrisse que Dundee só estivera lavando seu rosto e o lutador não conseguia enxergar. Assim, no soar da campainha, Angelo o empurrou para o centro do ringue. Assombros no ringue. Cassius sobreviveu ao assalto. Depois tratou de ganhar o campeonato com mais um assalto. Sua genial capacidade de recuperação era revelada pela primeira vez. Que revés sua carreira poderia ter sofrido se Dundee lhe tivesse permitido que permanecesse no corner. Angelo estava com ele desde então.

Agora, sentado numa poltrona, Dundee olhava para o aparelho de televisão, e não havia nada passando além de uma entrevista com Ali de três meses antes. Dundee a assistia com a animação de quem observa uma tela vazia. A aparência exterior de Angelo era modesta: um homenzinho de cabelos escuros, pele morena e óculos de aro prateado. Ele podia passar por um empresário italiano – oferecia uma concentricidade siciliana; ele mesmo no primeiro círculo, família no segundo, amigos e colegas no terceiro.

Sentado com ele estava Ferdie Pacheco, médico de Ali, um homem de aparência agradável, rosto carnudo e sotaque de Nova Orleans. Ele nunca ficava particularmente feliz com a condição física de Ali. Pessimista incorrigível, obrigava-se, quando enfrentava repórteres, a falar como um otimista, mas a última vez em que o tinham visto confiante sobre uma luta havia sido a noite em que Jimmy Ellis enfrentou Joe Frazier para definir o título dos pesos-pesados entre a Associação Mundial de Boxe e a Comissão de Boxe do Estado de Nova York. Frazier era favorito em 4 por 1, mas Pacheco não via como Ellis poderia perder. Frazier nocauteou Ellis em cinco assaltos. O pessimismo natural de Pacheco ganhara seu espaço desde então. Agora ele também estava assistindo à televisão. A tela da tevê parecia ser a mandala definitiva da monotonia. Sentado com eles estava um negro velho e pequeno, talvez um antigo treinador de boxe, com os nós dos dedos enormes, meio artríticos. A pele daqueles nós era excepcionalmente escamosa, e ele ficava descascando as costas das mãos. Sombrio era o clima. Dava para pensar que a luta já tinha ocorrido e Ali perdera e eles tinham voltado para esta vila esvaziados de promessas. Pareciam tão felizes quanto Patterson parecera ao entrar no ringue em sua segunda luta com Liston.

"Onde está Bundini?", Norman perguntou.

"O astro", respondeu Angelo, "fará sua entrada triunfal no vestiário. O resto de nós vai de ônibus. Era impossível dizer se aquilo era uma rivalidade antiga ou se a fúria de Dundee era localizada. Bundini, afinal, pode morar no Inter-Continental, ao passo que Angelo está preso na grandiosa retidão fálica de Mobutu.

Como bons repórteres, os dois perguntaram a Angelo como Ali passara o dia e ficaram surpresos com a notícia de que ele correra até o pagode às três e meia da tarde. Seria inquietação? Depois ele comeu, dormiu e passou um tempo autografando ingressos da luta distribuídos a amigos e convidados. Mais tarde, viu um filme: Joseph Cotten em *Barão sanguinário*, um filme de terror.

"Ele gostou?"

"Ele disse que sim. Pareceu gostar."

Como Dundee passou o dia?

"Fiquei ajeitando o ringue. Ele estava em péssimo estado. Não tinham resina suficiente, e também firmamos os postes. Bob Goodman e eu tivemos até que colocar calços embaixo piso para esticar a lona."

Dava para interpretar esses detalhes. Uma lona esticada seria boa para o jogo de pernas de Ali. Dundee era famoso por aproveitar pequenas vantagens. Se ele nasceu com essa filosofia ou se a adquiriu, sua fé, de todo modo, era de que nenhuma vantagem se mostraria pequena demais para ser aceita. Ele chegou a trocar o dinheiro de um repórter recém-chegado sob a taxa oficial de cinquenta zaires por cem dólares, quando daria para conseguir até oitenta no câmbio negro. Era uma filosofia que se aplicava também a postes de ringue e resinas.

Às duas da manhã, chegou a notícia de que Ali estava pronto para sair para o estádio. Plimpton e Mailer se levantaram com os outros e andaram até o ônibus. Uma pequena caravana estava sendo organizada. Cerca de cinco carros e dois ônibus viajariam em comboio até o estádio. Ali, usando calças e camisa escuras, passeava pela grama, olhando para um dos veículos, depois para outro. Estava decidindo em qual deles embarcaria. Entrou por um momento no ônibus, então saltou fora, foi até um Citroën preto no qual entrou com seu irmão Rachman. Parecia estar bem ligado, pronto, afinal, para a luta. Seu estudo cuidadoso de cada veículo não pareceu esquisito para Norman, que havia muito acreditava que certos veículos dão mais sorte do que outros. O que mais a filosofia bantu diria de cara, se não isso? A sorte é o primeiro kuntu.

O comboio partiu e avançou menos de um quilômetro. Então parou. O motivo foi repassado pela fila. Ali havia esquecido seu roupão. E assim os veículos esperaram na saída do complexo de imprensa de Nsele até que o roupão fosse apanhado, depois partiram de novo.

Mailer e Plimpton viajavam no grande ônibus com Dundee e dez ou doze outras pessoas. Poucos se sentaram juntos. A solidão da equipe de Ali ficava evidente mais uma vez. Muitos de sua turma eram brancos ou negros de pele clara. Era a contínua ironia de sua carreira. Em contraste com a equipe de Foreman, em que Dick Sadler era negro, Sandy Saddler era negro, Henry Clark era negro, Elmo era negro, em que a medula do clima era negra, Bundini só podia ser o homem mais negro da equipe de Ali, e ele era um convertido ao judaísmo e sequer estava no ônibus, e havia um espaço no ônibus entre cada membro da comitiva de Ali – como poderia ser diferente? Os amigos e assistentes de Ali eram os raios e Ali era o cubo da roda. Se o cubo da roda fosse retirado ficariam apenas aro e raios soltos.

Havia um medo da luta que se aproximava. O clima no ônibus era como uma estrada no meio da floresta num dia úmido de inverno. Apenas uma pessoa parecia alegre, tia Coretta, cozinheira de Ali, que ele trouxera de Deer Lake para Nsele. Cuidava de seu estômago e detinha as chaves para sua confiança. Era uma mulher grande, podia passar pela irmã da mãe de Ali, pois as duas tinham algo de semelhante, mas era na verdade a irmã de seu pai, e estava toda elegante hoje, e orgulhosa e mais do que conspicuamente zelosa de seus cabelos, que haviam sido alisados e ondulados e trabalhados por um artista que devia ser o equivalente a um mestre da confeitaria. Sim, houve colaboração entre modelo e artista no penteado de tia Coretta, e ela tinha o exato senso do valor de seu próprio volume físico que as mulheres negras grandes e trabalhadoras invariavelmente apresentam quando estão de vestido e a caminho de uma noite especial. Ela trabalhava duro o bastante para se divertir quando podia se divertir, sua vida de vez em quando precisava ser simples assim, e ela ansiava por ver a luta. Estava confiante.

A esposa de Ali, Belinda, ia sentada na frente do ônibus. Em traje muçulmano, com uma saia que chegava aos tornozelos e um turbante na cabeça, ela era uma mulher *escultural* – não havia palavra melhor. Com mais de um metro e oitenta de altura, tão bem proporcionada quanto seu marido, tinha feições suficientemente clássicas para inspirar a cabeça de uma estátua grega. De fato, se aquelas feições não tivessem sido esculpidas ligeiramente menores do que as de Ali, ela poderia lembrar sua irmã na aparência, ou melhor, sua versão feminina. Os dois não precisariam viver juntos por quarenta anos para ficar a cara um do outro. E além disso ela era faixa preta no caratê. E além disso era tímida com estranhos. Ela tinha em si a rigidez que os muçulmanos negros exibem na companhia de brancos. Durante a viagem, falou apenas uma vez para o ônibus em geral. "Em Las Vegas", ela disse, "tem uma psiquiatra extrassensorial que disse que Foreman vai vencer. Ele vai ter um choque esta noite." Seguiu-se uma pausa na qual ela pode ter ouvido a incerteza do silêncio, pois acrescentou: "Eu espero". Sim, esse era o clima: vazio, mas estou aqui mesmo assim para ter esperança.

É claro, Belinda acabara de retornar para o Zaire. Ela chegara com Ali seis semanas antes, mas, depois do adiamento, voou de volta para os Estados Unidos. Se Ali tinha um problema de treinamento, não era difícil descobrir. Desde a ocasião em que Joe Namath passou a noite com uma garota e saiu na tarde seguinte para derrotar os Baltimore Colts no Superbowl, e em seguida tratou de revelar O Método para o mundo, o mundo dos treinamentos de um atleta tinha sido sacudido até as raízes. O impacto nos esportes do feito de Namath foi igual ao choque no Século Americano de Henry Luce provocado pelo lançamento do *Sputnik*. Todo atleta se deparou com a velha pergunta – será que o refinamento dos melhores reflexos oferecido pelo sexo compensa a falta de agressividade que ele também pode provocar? No início de sua carreira, Ali treinava tão virtuosamente que, antes da primeira luta com Liston, o pessoal de Sonny tentou insinuar que ele nunca estivera com uma mulher.

Isso pode ter mudado. Antes da primeira luta com Frazier, Ali mal podia esperar pelo fim do treinamento de cada dia – sabia-se que ele substituía a Fiesta ou a Royal Crown Cola por champanhe no jantar. Antes do primeiro confronto com Norton, ficou acordado a noite toda. Sem dúvida planejava dormir o dia todo. Na noite seguinte, vendo-se no ringue com a mandíbula quebrada, reflexos que não obedeciam, conseguiu dançar com muito esforço para superar o estupor. Sua cara estava horrível, ele envelheceu naquela noite, mas, levando em conta sua forma, há quem argumente que foi a maior luta de Ali. Dias depois, com a mandíbula cheia de arames e suco de laranja subindo por um canudo, ele deve ter decidido mudar sua rotina. Os treinamentos tinham sido menos divertidos desde então. Não obstante, os métodos de Ali continuavam sendo coisa só dele. Belinda acabara de voltar.

Semanas antes, vangloriando-se com amigos em Kinshasa sobre como derrotaria Foreman, Ali disse: "Ele vai cair de bunda".

"É melhor você ganhar umas aulas", Belinda murmurou, "sobre como cair de bunda."

"O que foi que você disse?", Ali falou.

"Eu disse é melhor *você* ter umas aulas sobre como cair de bunda."

"Ah", disse Ali, "achei que você tinha dito 'cair de amor'."

Conduzidos pela luz azul piscante de um carro da polícia, o comboio prosseguiu, mas num ritmo lento e frustrante. Acostumados a percorrer a 130 quilômetros por hora aquele trecho de autoestrada deserta entre Nsele e o aeroporto, agora eles avançavam à metade dessa velocidade. A paisagem vazia oferecia poucas distrações no escuro. Ocasionalmente eles passavam por alguns negros dispostos a acenar ao ver o comboio, mas a velocidade era lenta e a disposição da comitiva era ainda mais lenta.

Mesmo quando passaram pelo aeroporto e entraram na periferia de Kinshasa eles não chegaram a ver muita gente. Já eram quase três da manhã. Quem quer que estivesse acordado em função da luta tinha ido ao estádio horas antes. Dessa maneira, havia tempo para Norman meditar sobre sua própria relação com a luta, tempo para refletir sobre as peculiaridades de uma paixão pelo boxe que podia afastar um homem de seu próprio trabalho por meses e até mais. Ele até duvidou de sua lealdade em relação a Ali. Uma vitória para Ali também seria um triunfo para o islã. Embora estivesse longe de ser sionista e nunca tivesse ido a Israel, Norman estivera no Cairo, e o choque das novas riquezas transbordantes com a pobreza escabrosa, a ineficiência constante, o trânsito frenético e aleijados caminhando sobre pés feridos deixara-o mais favorável a Israel. Países tão gigantescos, fascinantes e repulsivos quanto o Egito não mereciam ditar regras para uma ideia hebraica sitiada no deserto. Como Norman conhecia pouco da política do Oriente Médio, sua política era simples e direta a esse ponto. E entrava em conflito com sua lealdade em relação a Ali. Claro que ele não estaria sozinho em tal paradoxo. Era impressionante o número de repórteres judeus em Nsele com afeição por Ali, um verdadeiro tropismo da afeição, como se no fim das contas ele fosse um deles, um judeu no sentido de ser sua própria criação. Poucas coisas despertariam mais amor entre os judeus do que o gênio de ser incomparável.

Isso poderia esclarecer muita coisa. Certamente poderia explicar por que Norman gostava de Foreman e ao mesmo tempo não se abalava nem por um instante em sua lealdade. Era como se as contradições fossem desmoronar com uma vitória de Ali. Seria um triunfo para tudo aquilo que não cabia no computador: audácia, inventividade, até mesmo arte. Se alguma vez um lutador tinha sido capaz de demonstrar que o boxe era uma arte do século XX, esse lutador só podia ser Ali. Sua vitória valeria certamente por um triunfo dos poderes de regeneração de um artista. O que poderia ter mais importância para Norman? Ele sabia que uma parte de si teria de odiar Ali se o lutador perdesse sem dignidade ou verdadeiro esforço, assim como uma parte de si não pudera perdoar Hemingway por causa da ambiguidade de seu suicídio – se ao menos ele tivesse deixado um bilhete. A ausência de um bilhete deixava um vazio para quem amava a obra e o homem.

Mas ele, por sua vez, havia se recusado a sair naquela sacada sem parapeito e dar a volta na divisória em sobriedade total. Por outro lado, estava cansado de sua relação cômica com a magia. Nunca sabia quais forças estava ajudando. Muitos dos lutadores pelos quais torcera ao longo dos anos haviam perdido, e perdido em péssimos confrontos. Patterson, por exemplo, perdera suas duas lutas com Liston, e Sonny perdera suas duas lutas com Ali. Norman havia chegado inclusive a decidir que, se ele era uma das cem ou mil forças mágicas em volta do ringue, seus efeitos eram perversos. Ou ineptos. Ou escandalosamente restritos. Na noite em que José Torres derrotou Willie Pastrano pelo Campeonato dos Meio-Pesados, receara vibrar na torcida por medo de que o azar recaísse sobre seu amigo José. Passou a gostar ainda mais de Torres depois da luta, porque ele tinha sido capaz de vencer apesar do luxo de ter um amigo portador de tanto azar quanto Norman Mailer. Essa é uma autoimagem medonha para um homem. É a vaidade ao inverso, mais venenosa do que a própria vaidade. O agente do azar. Ele até achara que não tinha o direito de correr com Ali. Uma vitória para Muhammad naquela noite, portanto, seria como um sinal de libertação para Norman, um indicativo de que ele poderia estar livre da maldição de carregar uma sorte traiçoeira.

Eles haviam chegado ao estádio. Era como acompanhar o séquito de um toureiro. A multidão do lado de fora vibrava, e a polícia conduzia todos pelos portões estreitos. Em menos de um minuto, os homens que haviam viajado em comboio se viram no vestiário de Ali. Após se despedir de Belinda e recebido dela um beijo, o lutador começou a se preparar.

12. O vestiário

Era um vestiário soturno. Talvez lembrasse um banheiro público num metrô de Moscou. Grande, com pilares redondos revestidos de azulejos brancos, até o papel de parede era branco, de modo que também parecia uma sala de cirurgia. Naquele necrotério, todos os gemidos eram abafados. Azulejos brancos em toda parte. Que lugar para se preparar!

Os homens reunidos se mostravam tão animados quanto a decoração. Dundee, Pacheco, Plimpton, Mailer, Walter Youngblood, Pat Patterson, Howard Bingham, o irmão de Ali, Rachman, seu empresário, Herbert Muhammad, seu gerente de negócios, Gene Kilroy, Bundini, um turco pequeno e gordo chamado Hassan e Roy Williams, seu parceiro de sparring, todos eles estavam no recinto e ninguém tinha nada para dizer. "O que está havendo aqui", Ali disse quando entrou. "Por que está todo mundo tão assustado? Qual é o problema de vocês." Ele começou a tirar a roupa e, vestido apenas com uma cueca, logo começou a saltitar pelo recinto, dando socos no ar.

Roy Williams, trajado para entrar no ringue na luta semifinal contra Henry Clark, estava sentado na mesa de massagem. Por um erro de cálculo de terceiros, havia chegado ao estádio com o comboio, tarde demais para uma semifinal de dez assaltos. Agora planejavam realizá-la depois evento principal, um adiamento não muito tranquilo para um lutador.

"Assustado, Roy?", Ali perguntou enquanto dançava em torno dele.

"Nem um pingo", Williams respondeu numa voz farta e calma. Ele era o homem mais negro da sala e também o mais amável.

"Nós vamos dançar", Ali gritava enquanto voava em volta, saboreando cada momento em que quase colidia de costas com os pilares. A exemplo de uma criança, ele sentia os objetos atrás de si como se o círculo de suas sensações não terminasse na pele. "Sim, sim", exclamou, "vamos bater nele", e desferiu *jab*s no ar.

Com exceção de Roy Williams, ele era a única presença alegre. "Acho que estou mais assustado do que você", Norman disse quando Ali parou quieto.

"Nenhum motivo pra ficar assustado", disse o lutador. "É apenas mais um dia na dramática vida de Muhammad Ali. Apenas mais uma sessão de exercícios no ginásio pra mim." Ele se virou para Plimpton e acrescentou: "Eu tenho medo de filmes de terror e de tempestades. Aviões a jato me abalam. Mas não há por que ter medo de algo que você consegue controlar com a sua habilidade. É por isso que Alá é o Único que me apavora. Alá é o Único que você vai encontrar independentemente da sua vontade. Ele é Único e não tem sócios." A voz de Ali estava aumentando em volume e devoção. Para evitar que muito de sua energia fosse gasta num sermão, ele continuou mais calmamente: "Não há nenhum motivo pra ficar assustado. Elijah Muhammad passou por situações que fazem desta noite uma coisa de nada. E numa medida menor eu também já passei por coisas assim. Entrar no ringue com Liston pela primeira vez supera qualquer coisa que George Foreman já teve que fazer, ou que eu tivesse que fazer de novo. Exceto viver com ameaças à minha vida depois da morte do Malcolm X. Verdadeiras ameaças de morte. Não, não tenho nenhum medo desta noite." Ele disparou para longe dos repórteres como se seu minuto no corner tivesse acabado e deu mais alguns socos no ar, provocando alguns amigos com rápidos golpes que paravam outra vez a dois centímetros dos olhos. Ao passar por Hassan, o gordinho turco, estendeu seu longo polegar e seu longo indicador para lhe dar um beliscão na bunda.

Mesmo assim, apesar de todo aquele belo esforço, o clima no vestiário não melhorou muito. Era como um canto de hospital no qual parentes aguardam notícias da operação. Então Ali parou de dançar e pegou o roupão que usaria no ringue e o vestiu. Era um longo roupão de seda branca com intrincados desenhos pretos, e seu primeiro comentário foi: "É um legítimo roupão africano". Ele dissera isso para Bundini, que lhe dirigiu o típico olhar de uma criança a quem acabaram de negar a recompensa que vinham prometendo por uma semana.

"Tá bom", Ali disse afinal. "Vejamos o seu roupão."

E então Bundini exibiu a peça que trouxera para Ali vestir. Também era branca, mas tinha fímbrias verdes, vermelhas e pretas nas extremidades, as cores nacionais do Zaire. Costurado sobre o coração havia um mapa do país em verde, vermelho e preto. Bundini usava um paletó branco feito do mesmo material e com a mesma decoração. Ali experimentou o roupão de Bundini, se olhou no espelho, tirou e devolveu. Botou o primeiro roupão de novo. "Este é mais bonito", falou. "É realmente mais bonito do que esse que você trouxe. Dá uma olhada no espelho, Drew, é realmente melhor." Era mesmo. O roupão de Bundini tinha um ar suspeito de peça encalhada em loja.

Mas Bundini não olhou para o espelho. Em vez disso, fixou seu olhar em Ali. Uma encarada penetrante. Por um minuto inteiro, os dois se fulminaram com os olhos. *Veja bem!*, dizia a expressão de Bundini, *não brinque com a sabedoria do seu companheiro. Eu trouxe um roupão que combina com o meu paletó. A sua força e a minha força estão ligadas. Enfraquecer a mim é enfraquecer você mesmo. Use as cores que eu escolhi.* Algo daquela força estava decerto em seus olhos. Alguma ameaça implícita também, sem dúvida, pois Ali de repente deu-lhe um tapa, agudo como um estouro de rifle. "Jamais se atreva a fazer isso de novo!", gritou para Bundini. "Agora me olhe no espelho", Ali ordenou. Mas Bundini se recusou a olhar. Ali o estapeou de novo.

O segundo tapa, de tão ritual, gerou a inevitável desconfiança de que aquilo tudo poderia ser uma cerimônia bem trabalhada, talvez até um exorcismo. Era difícil dizer. Bundini parecia furioso demais para falar. Sua expressão dizia claramente: *Pode me bater até a morte, não vou olhar o espelho. O roupão que você descreve como belo não é o certo.* Ali por fim se afastou dele.

Era hora de escolher o calção. Ele experimentou vários. Um era todo branco, sem decoração alguma, de um puro branco prateado como nas vestes sacerdotais do islã. "Pegue este aqui, Ali", exclamou seu irmão Rachman, "pegue este branco, ele é legal, Ali, pegue." Ali, porém, depois de muita deliberação diante do espelho, decidiu usar calções brancos com uma listra vertical preta (e nas fotografias da luta que veríamos depois, de fato, lá está a listra preta articulando cada movimento dele, do tronco até as pernas).

Sentado agora numa mesa de massagem mais ou menos no meio do vestiário, Ali colocou suas compridas sapatilhas brancas de luta e ergueu cada pé enquanto Dundee raspava as solas com uma faca para lhes dar aspereza. O lutador pegou um pente que alguém lhe entregou, o pente em forma de Y com dentes de aço que os negros usam para fazer o penteado afro, e trabalhou com afinco em seu cabelo enquanto as sapatilhas eram raspadas. A um sinal de seu dedo, alguém lhe alcançou uma revista, um periódico zairense em francês que trazia uma lista completa das lutas de Foreman e de Ali. Ele leu os nomes em voz alta para Plimpton e Mailer, e outra vez comparou o número de ninguéns que Foreman havia enfrentado com o número de notáveis que ele havia derrotado. Era como se ele precisasse dar mais uma olhada na medula de sua vida. Pela primeira vez em todos aqueles meses, ele parecia querer oferecer uma exibição pública do medo que decerto lhe vinha em sonho. Começou a tagarelar como se não houvesse ninguém no recinto e ele estivesse falando enquanto dormia: "Flutua como borboleta, ferroa como abelha, não se pode atingir aquilo que centelha", repetiu várias vezes, como se as palavras tivessem desaparecido havia muito, e então murmurou: "Já estive bem e já estive mal. Pra mim, sabe, é normal". Ele balançou a cabeça. "Deve ficar escuro quando te nocauteiam", falou, contemplando o ogro da meia-noite. "Ora, eu nunca fui nocauteado", disse. "Já me derrubaram, mas nunca me *nocautearam*." Como um sonhador despertando para o conhecimento de que o sonho é apenas uma rede por cima da morte, exclamou: "É *estranho*... você ser parado". Balançou a cabeça de novo. "Sim", falou, "é uma sensação ruim ficar esperando que a noite se engasgue com você", e olhou para os dois repórteres com os olhos vazios de um paciente que encontrou, nas espirais de sua condição, certa realidade que nenhum médico jamais entenderá.

Então ele deve ter chegado ao fim daquele confronto de sentimentos que o envolviam como neblina, pois usou uma frase que não empregava fazia meses, desde a última vez em que causara grande aflição a todos os altos funcionários do Zaire, "Sim", falou para o recinto inteiro, "vamos nos preparar pra festa na floresta", e começou a chamar as pessoas espalhadas pelo vestiário.

"Ei, Bundini", gritou, "nós vamos dançar?"

Mas Bundini não respondeu. Havia uma tristeza no recinto.

"Tem alguém me ouvindo?", Ali exclamou. "A gente vai pra dança ou não?"

"Vamos dançar sem parar", Gene Kilroy falou com voz triste.

"Vamos dançar", Ali disse, "vamos dan-çaaar."

Dundee veio enfaixar suas mãos. O observador do vestiário de Foreman, Doc Broadus, aproximou-se agora para estudar a operação. Era um negro baixinho e robusto, com cerca de sessenta anos, que descobrira Foreman anos antes no Job Corps e estivera com George desde então, por grande parte de sua carreira. Broadus era bastante conhecido no Inter-Continental por seus sonhos proféticos. Em seu sono ele acertara o assalto do nocaute nas lutas contra Frazier e Norton.

Agora, com Ali, também sonhara que George venceria em dois assaltos, mas desta vez não dava a previsão como certa. Tinha ocorrido alguma falha no sonho.

Ali dedicou um tempo para falar com ele, como se o homem mais valioso do recinto pudesse ser Doc Broadus, que poderia relatar a Foreman todos os detalhes mais recentes de sua condição.

Ali o encarou com dureza, e Broadus trocou o pé de apoio. Estava acanhado diante de Ali. Talvez tivesse admirado sua carreira por tempo demais para poder confrontá-lo agora com facilidade.

"Diz pro teu cara", Ali falou em tom confidencial, "que é melhor ele se preparar pra dançar."

Broadus trocou o pé de apoio de novo, desconfortável.

Nesse momento Ferdie Pacheco irrompeu de volta no vestiário, num estado alterado. "Não me deixam entrar pra ver o Foreman", ele disse para Broadus. "Que diabo tá acontecendo? O quê que é isso?", falou num tom de medo e considerável choque. "Nós temos uma luta de boxe esta noite, não da Terceira Guerra Mundial!" Ele parecia estar perturbado pela fúria do outro vestiário. Broadus se levantou depressa e saiu com ele.

Então Ali começou a conversar com Bundini. "Diga lá, Bundini, nós vamos dançar?", ele perguntou. Bundini não respondia.

"Eu falei: nós vamos dançar?"

Silêncio.

"Drew, por que você não fala comigo?" Ali disse com uma voz grossa, como se o exagero fosse o melhor meio para tirar Bundini daquele clima. "Bundini, a gente não vai dançar?", perguntou de novo, e acrescentou, numa voz brincalhona e carinhosa: "Você sabe que eu não consigo dançar sem Bundini."

"Você rejeitou o meu roupão", Bundini falou em sua voz mais profunda, mais rouca e mais emotiva.

"Ah, cara", disse Ali, "eu sou o Campeão. Você tem que me deixar fazer algo por vontade própria. Você tem que me dar o direito de escolher o meu roupão, ou como é que eu vou ser o Campeão outra vez? Você vai me dizer o que devo comer? Você vai me dizer como devo agir? Bundini, eu tô triste. Nunca vi um dia que nem hoje, quando *você* não me anima."

Bundini tentou evitar, mas um sorriso começou a titilar seus lábios.

"Bundini, nós vamos dançar?", Ali perguntou.

"A noite toda", disse Bundini.

"Sim, vamos dançar", Ali disse, "vamos dançar sem parar."

Broadus retornou da missão de autorizar a entrada de Pacheco no vestiário de Foreman, e Ali começou a atuar para ele de novo. "O que vamos fazer?", perguntou a Bundini e Dundee e Kilroy. "Vamos dançar", Gene Kilroy disse com um sorriso terno e triste, "vamos dançar a noite toda."

"Sim, nós vamos dan-çaaar", Ali gritou, e disse outra vez para Broadus: "Diz pra ele se preparar".

"Não vou dizer nada pra ele", Broadus resmungou.

"Diga que é melhor ele saber dançar."

"Ele não dança", Broadus conseguiu dizer, como que alertando: meu cara tem coisas mais sérias para fazer.

"Ele não o quê?", Ali perguntou.

"Ele não dança", Broadus disse.

"O cara do George Foreman", Ali gritou, "tá dizendo que George não sabe dançar. George não pode ir na daaan-ça!"

"Cinco minutos", alguém berrou, e Youngblood entregou ao lutador uma garrafa de suco de laranja. Ali tomou um gole, o equivalente a meio copo, e encarou Broadus com expressão zombeteira. "Diz pra ele me acertar na barriga", falou.

13. Golpes de direita

George faria isso mesmo. George certamente o acertaria na barriga. Que batalha estava se aproximando! Mal acabou de ser dado e o aviso de cinco minutos passou voando. Havia um banheiro na saída do vestiário e Ali se retirou para lá com seu empresário, o filho de Elijah Muhammad, Herbert Muhammad, um homem de aspecto afável e rosto redondo cujas feições ofereciam algo impossível de comprar – Herbert Muhammad dava a impressão de que ninguém saberia tirar vantagem dele. Ele estava usando um manto branco sacerdotal que o cobria dos ombros até os pés, traje apropriado à sua função de ministro muçulmano, pois os dois haviam saído para rezar e suas vozes podiam ser ouvidas recitando versos do Alcorão – aquele árabe, sem dúvida, vinha do Alcorão. No grande recinto, agora sem Ali, todos olhavam uns para os outros e não havia nada para dizer.

Ferdie Pacheco voltou do vestiário de Foreman. "Tudo ok", declarou. "Vamos nessa." Dali a um minuto, Ali saiu do banheiro com o filho de Elijah Muhammad. Enquanto ele socava o ar, seu empresário continuava orando.

"Como vão as coisas com Foreman?", alguém perguntou a Pacheco, e ele deu de ombros. "Foreman não está falando", disse. "Cobriram ele com toalhas."

Então o aviso se propagou pelo estádio. "Ali no ringue, Ali no ringue."

Solenemente, Bundini entregou a Ali o roupão branco africano que o lutador havia escolhido. Então todos os presentes no vestiário se puseram em marcha, uma longa fila de vinte homens que abriam caminho e eram empurrados através de um pelotão de soldados parados junto à porta e depois, numa correria, na apertada companhia de outros soldados, seguiram pelos corredores de tijolos cinzentos de cimento com seus ecos já remotos de rifles e morte. Saíram ao ar livre na alegria surrealista e no ar verde da grama do estádio sob luzes elétricas, e uma aclamação de volume nada vasto se elevou quando Ali surgiu, mas é que a multidão já estava esperando por toda uma hora vazia sem nenhuma semifinal para ver, só um ringue vazio e antes disso outras horas decorridas, com dançarinos para assistir, mais dançarinos, depois mais dançarinos tribais, uma longa contagem dos minutos da meia-noite até as quatro. A nação zairense aguardara este evento por três meses, agora estavam aqui, uns 60 mil, numa grande distribuição oval de assentos que ficavam muito longe daquele ringue montado no centro do campo de futebol. Eles deviam estar desapontados. Enxergar os lutadores era como sentar em frente a uma janela de um edifício para ver pessoas em um edifício que está do outro lado de uma autoestrada com doze pistas. Os pugilistas lutariam sob uma grande cobertura de metal corrugado com vigas para proteger o ringue e os 2.500 assentos especiais à beira do ringue de uma chuvarada tropical, que poderia chegar a qualquer momento naquela noite já tão avançada na estação das chuvas. As chuvas fortes estavam atrasadas havia mais de duas semanas. A chuva leve aparecera quase todas as tardes, e um céu escuro e ameaçador pairava no alto. Na América isso anunciava rápidas tempestades de verão, mas as nuvens africanas eram pacientes como as pessoas, e um céu coberto por nuvens escuras podia ficar por dias nesse estado, sem que caísse uma gota.

Algo do peso daquela chuva que se aproximava se fazia sentir no ar. O início da noite tinha sido opressivo, e fazia muito calor para aquela hora da madrugada, 27 graus ou até mais. Pensar sobre a luta, no entanto, deixava Norman mais perto de sentir frio. Ele estava sentado ao lado de Plimpton na segunda fileira em frente ao ringue, um assento que valia os milhares de quilômetros percorridos para obtê-lo (se bem que, contando duas viagens de ida e volta, o número ainda poderia chegar a quarenta mil quilômetros – um barril de jet lag para a alma). Na frente deles havia uma fileira de repórteres e fotógrafos de agências encostados na beira do ringue; dentro das cordas estava Ali, checando a resina com a sola das sapatilhas e oferecendo lampejos de seu sapateado para o estudo da multidão, rodopiando vez por outra para lançar uma caleidoscópica dúzia de socos no ar em não mais do que dois segundos – um Mississippi, dois Mississippi, lá se foram doze socos. Gritos da multidão ante o rápido borrão das luvas. Ele estava totalmente sozinho no ringue, o Desafiante à disposição do Campeão, o Príncipe à espera do Pretendente, e, ao contrário de outros lutadores que murcham nos longos minutos antes da aparição do detentor do título, Ali parecia estar desfrutando com o maior prazer de sua indisputada posse do espaço. Ele parecia destemido e quase no limite da felicidade, como se a disciplina de ter atravessado duas mil noites dormindo sem o título que lhe tinha sido tirado sem que ele jamais tivesse perdido uma competição – para um lutador, uma frustração sem dúvida equivalente em impacto a escrever *Adeus às armas** e depois não conseguir publicá-lo – tivesse sido um período de sete anos bíblicos de provação do qual ele saíra com as partes cruciais de sua honra, seu talento e seu desejo de grandeza ainda intactas, e uma luz emanava dele naquele instante. Seu corpo tinha um brilho como o dos flancos de um puro-sangue. Ele parecia totalmente pronto para enfrentar o mais cruel e mais forte homem surgido no círculo dos pesos-pesados em muitos anos, talvez o pior grandalhão de todos, e, enquanto o Príncipe aguardava sozinho no ringue a passagem dos minutos até a chegada do Campeão e desenvolvia seus pensamentos, fossem quais fossem, e sua particular comunhão com Alá, qualquer que fosse a sensação, enquanto ele aguardava e enquanto sapateava e enquanto golpeava o ar, o Lorde Guardião do Selo do Monarca, Angelo Dundee, de Miami, andava metodicamente de um poste do ringue para o outro e lá, à vista do assentos próximos e do estádio todo, de modo igualmente metódico afrouxou em cada poste cada um dos quatro tensores que retesavam cada uma das quatro cordas, e o fez com uma chave de raio e uma chave inglesa que devia ter colocado em sua pequena bolsa de mão ainda em Nsele e transportado no ônibus e levado do vestiário para o ringue. E quando as cordas ficaram frouxas a seu gosto, soltas o bastante para seu lutador poder se recostar bem para trás, ele saiu do ringue e voltou para o corner. Ninguém prestara grande atenção nele.

---

* Referência ao livro *A Farewell to Arms*, de Ernest Hemingway. (N.E.)

Foreman ainda estava em seu vestiário. Plimpton, mais tarde, tomou conhecimento de um detalhe com seu velho amigo Archie Moore. "Pouco antes de sair para o ringue, Foreman e seus homens de confiança – Dick Sadler, Sandy Saddler e Archie – deram as mãos numa espécie de prece ritual que eles praticavam (em cada luta) desde que Foreman se tornara campeão, na Jamaica", Plimpton escreveu. "Agora eles estavam de mãos dadas outra vez no Zaire, e Archie Moore, de cabeça baixa, achou por bem que deveria orar pela segurança de Muhammad Ali. Eis o que ele disse: 'Eu estava rezando, e com grande sinceridade, para que George não *matasse* Ali. Eu realmente sentia que era uma possibilidade'." Outros pensavam o mesmo.

Foreman chegou ao ringue. Estava usando calções de veludo vermelho com listra branca e cós azul. As cores da bandeira americana cingiam o meio de seu corpo, e as sapatilhas eram brancas. Sua expressão era solene, até acanhada, como a de um menino grandão que, nas palavras de Archie, "realmente não faz ideia de sua própria força". As letras GF se destacavam do veludo vermelho de seus calções num tecido branco em relevo. GF – Great Fighter.*

O juiz, Zack Clayton, negro e muito respeitado em sua profissão, já estava esperando. George teve tempo de ir até seu corner, sapatear um pouco, confabular com seus homens de confiança e acostumar as solas das sapatilhas na resina, e aí os lutadores se aproximaram no centro do ringue para receber instruções. Era o momento para cada homem tentar arrancar do outro alguma dose de medo. Liston fizera isso com todos os seus oponentes até topar com Ali, que, sendo ainda Cassius

---

* Grande Lutador. (N.T.)

Clay, aos 22 anos, o encarou de volta com toda a corajosa arrogância de seu destino elevado. Foreman, por sua vez, fizera o mesmo com Frazier e depois com Norton. Um olhar imenso, pesado como a morte, opressivo como a porta sendo fechada em nosso sepulcro.

Para Foreman, Ali disse (como todo mundo ficou sabendo depois): "Você ouviu falar de mim desde jovem. Você vem me seguindo desde garotinho. Agora você precisa enfrentar o seu mestre!" – palavras que a imprensa não pôde ouvir na hora, mas a boca de Ali estava se mexendo, sua cabeça estava a trinta centímetros da de Foreman, seus olhos fixos nos dele. Foreman piscou, Foreman pareceu surpreso, como se tivesse ficado impressionado um pouco além do que esperava. Ele bateu de leve na luva de Ali num movimento que queria dizer: "Esse foi o *seu* assalto. Agora *nós* vamos começar".

Os lutadores voltaram para seus corners. Ali pressionou os cotovelos contra o corpo, fechou os olhos e ofereceu uma oração. Foreman lhe deu as costas. Nos trinta segundos que precederam a luta ele agarrou as cordas em seu corner e se inclinou a partir da cintura de modo que suas grandes e poderosas nádegas foram apresentadas a Ali. Ele ficou dobrado nessa posição por tanto tempo que aquilo virou uma espécie de escárnio, como que para declarar: "Meus peidos pra você". Ele ainda estava em tal pose quando soou o gongo.

O gongo! Em meio a um longo suspiro de desafogo coletivo, Ali disparou pelo ringue. Em sua postura ele parecia tão grande e determinado quanto Foreman, como se *ele* representasse a verdadeira ameaça. Os dois colidiram sem se tocar, seus corpos ainda separados por um metro e meio. Guinaram para trás como polos magnéticos semelhantes se repelindo forçosamente. Então Ali avançou de novo, Foreman avançou, os dois se rodearam, fintaram, moveram-se num círculo elétrico, e Ali deu o primeiro soco, uma tentativa com a esquerda. Em falso. Então ele soltou um petardo de direita, tão direto como um poste, no meio da cabeça de Foreman, com o inconfundível som da martelada de um golpe de alta potência. Um grito elevou-se no ar. Não importava o que mais acontecesse, Foreman tinha sido atingido. Por anos nenhum oponente rompera George tão duramente, e nenhum sparring jamais tivera essa ousadia.

Foreman reagiu com raiva. Ali completou o insulto. Agarrou o Campeão pelo pescoço e puxou sua cabeça para baixo, forçou-a para baixo num abraço grosseiro e decisivo, para mostrar a Foreman que ele era consideravelmente mais brutal do que o previsto por qualquer um, e as relações estavam iniciadas. Os dois rodearam de novo. Fintaram. Partiram um para cima do outro e recuaram. Era como se cada um tivesse uma arma na mão. Se um atirasse e errasse, o outro certamente acertaria. Se você desse um soco e seu oponente estivesse preparado, sua própria cabeça receberia esse direto. Que choque! Era como segurar um cabo de alta tensão. De repente você está na lona.

Ali não estava dançando. Em vez disso, ficava pulando de um lado para outro, em busca de uma oportunidade para atacar. Foreman fazia o mesmo. Talvez quinze segundos já tivessem passado. De repente, Ali o acertou de novo. De novo com a direita. Mais uma vez o golpe foi duro. O som de um taco golpeando uma melancia se fez ouvir em volta do ringue. Outra vez Foreman investiu depois do golpe, e outra vez Ali segurou-o pelo pescoço com o braço direito e depois enfiou a luva esquerda na axila direita de Foreman. Foreman não podia nem começar a gingar. Era uma aula perfeita do curso avançado de como imobilizar um lutador. O árbitro rompeu o *clinch*. Mais uma vez os dois se movimentaram por áreas invisíveis de atração e repulsão, arrancando em frente, deslizando para o lado, empinando a cabeça, cada um tentando causar algum pânico no outro, dois grandalhões rápidos como pumas, atacando como tigres – faíscas invisíveis emanavam de seus movimentos. Ali o atingiu de novo, direto de esquerda, depois um direto de direita. Foreman respondeu como um touro. Avançou rugindo. Um touro perigoso. Suas luvas estavam à mostra como chifres. Não havia espaço para Ali dançar de lado, pegá-lo e cair fora, acertá-lo e cair fora. Ali recuou, fintou, recuou de novo, estava nas cordas. Foreman o encurralara. A luta tinha chegado aos trinta segundos e Foreman o levara às cordas. Ali sequer tentara contornar aquelas luvas estendidas, tão prontas para soqueá-lo, maltratá-lo, destruir sua graça – não, ao recuar, Ali cobrou seu preço. Acertou Foreman com outra esquerda e outra direita.

Mesmo assim, um gemido se elevou da multidão. Eles viam Ali nas cordas. Quem falara de qualquer outra coisa senão de quanto tempo Ali conseguiria ficar afastado das cordas? Agora estava encurralado – tão cedo! Contudo, Foreman não conseguia acertar o alvo. Os últimos diretos de esquerda e de direita de Ali tinham freado seu ímpeto. Os golpes de Foreman não estavam prontos, e Ali aparou, Ali bloqueou. Os dois se agarraram num *clinch*. O juiz os separou. Ali saíra das cordas com facilidade.

Para celebrar, ele acertou Foreman com outro direto de direita. Uma exclamação percorria as fileiras destinadas à imprensa: "Ele está batendo de *direita*".

Ali não batia com tamanha autoridade fazia sete anos. Campeões não atacam outros campeões com golpes de direita. Não no primeiro assalto. É o golpe mais difícil e perigoso. Difícil de executar e perigoso para o próprio lutador. Em quase todas as posições, a mão direita percorre uma distância maior, no mínimo trinta centímetros a mais do que a esquerda. Os boxeadores lidam com centímetros. No tempo que a mão direita leva para percorrer esse espaço adicional, soam alarmes no oponente, e começa o contra-ataque. Ele se abaixa sob a direita e arranca a cabeça do adversário com a esquerda. Bons lutadores, portanto, não costumam atacar com a direita contra outro bom lutador. Não no primeiro assalto. Eles esperam. Eles preservam o direto de direita. É uma autoridade pronta para castigar a esquerda que vier devagar demais. Você desfere a direita em resposta a um *jab*; você pode bloquear o gancho de esquerda com o antebraço direito e dar o troco rachando com a direita. Máximas clássicas do boxe. Todo mundo que escreve sobre boxe as conhece. Desses princípios você tira suas interpretações. Há bons engenheiros em Indianápolis, mas Ali está a caminho da Lua. Golpes de direita! Meu Deus!

No minuto seguinte, Ali tratou de atingir Foreman com uma combinação rara como plutônio: um direto de direita seguido por um longo gancho de esquerda. Spring-zing!, fizeram aqueles golpes, raio na cabeça, raio na cabeça; a cada ataque, Foreman investia numa fúria assassina e era apanhado pelo pescoço e girado. Sua ameaça se tornava mais impressionante a cada vez que ele era golpeado. Os socos o enlouqueciam, mas não o enfraqueciam. Outro lutador estaria cambaleando àquela altura. Foreman apenas parecia mais destrutivo. Suas mãos não perdiam velocidade, suas mãos pareciam tão rápidas quanto as de Ali (exceto quando era atingido), e seu rosto mostrava um apetite assassino. Há anos ele não era tratado com tanto desrespeito. Sumira o George cordial das coletivas de imprensa. Sua vida estava clara. Ele ia desmembrar Ali. Enquanto ele continuava sendo atingido e agarrado, atingido e agarrado, um novo medo desceu sobre as fileiras em volta do ringue. Foreman era incrível. Ali já lhe dera cerca de quinze bons golpes na cabeça e em troca não se deixara pegar uma única vez. O que aconteceria quando Foreman afinal acertasse Ali? Nenhum peso-pesado conseguiria manter a velocidade daqueles movimentos, não por mais quatorze assaltos.

E o primeiro, ainda por cima, sequer havia terminado. No último minuto, Foreman forçou Ali contra as cordas, foi para cima dele, conseguiu se soltar e desfechou um *uppercut* de direita por entre as luvas de Ali, depois outro. O segundo cortou o topo do crânio de Ali como uma lança. Seus olhos se arregalaram de consternação, e ele agarrou o braço direito de Foreman com seu esquerdo, o apertou e o agarrou. Foreman, mesmo com o braço imobilizado, ainda tinha disposição para desferir uma boa direita de novo, e o fez. Quatro direitas pesadas e meio abafadas, contundentes como golpes no saco de pancadas, pegaram a cabeça em cima, depois duas pegaram o corpo embaixo, surrando Ali, ainda que bloqueadas, e era evidente que aqueles golpes machucavam. Ali saiu das cordas no abraço mais determinado de sua vida, as luvas presas na nuca de Foreman. O branco dos olhos de Ali exibia o aspecto vidrado de um soldado em combate que acabou de ver um braço desmembrado voando pelo céu após uma explosão. Que tipo de monstro ele estava enfrentando?

Foreman desferiu uma esquerda feroz. Então uma esquerda, uma direita, uma esquerda, uma esquerda e uma direita. Alguns na cabeça, alguns no corpo, alguns bloqueados, alguns errados, um colidiu com as costelas flutuantes de Ali, golpes brutais, chocantes e imprecisos como a colisão de um caminhão em baixa velocidade.

Com todo mundo gritando, Ali pegou Foreman com uma direita. Foreman bateu de volta com a esquerda e a direita. Ambos acertavam os golpes. Ao soar do gongo, todos vibravam de emoção. Que assalto!

No setor da imprensa, todos vibravam com comentários sobre aqueles golpes de direita. Como Ali se atreve? Um assalto magnífico. A Norman restam poucas vaidades, mas ele acha que entende um pouco de boxe. Está pronto para servir como engenheiro na viagem de Ali à Lua. Pois Ali é um artista que não boxeia com contragolpes de direita sob ganchos de esquerda. Ele luta contra a totalidade do adversário. Ele se movimenta em áreas de concentração nas quais consegue detectar o menor lampejo de falta dela. Foreman revelava uma falta de concentração quanto à possibilidade de receber um golpe de direita. Afinal de contas, quem antes ousara bater em Foreman com a direita? Ultimamente, seus oponentes temiam até mesmo tocá-lo com um *jab*. As mãos de Foreman eram velozes, mas mantinham um ponto cego de complacência perante a direita. Foreman não estava preparado para ver um homem entrar no ringue sem medo dele. Isso tinha sua beleza. Mas era assustador. Ali não vai conseguir lutar desse jeito todo o tempo. Esse ritmo vai matá-lo em cinco assaltos. Ele podia estar preocupado, de fato, sentado em seu corner. O assalto foi dele, mas que força nos golpes de Foreman. É verdade. Foreman bate mais forte do que outros pugilistas. E absorve um golpe que é uma beleza. Ali parece pensativo.

Há uma caixa de som nas proximidades, um pequeno alto-falante ligado ao circuito fechado, e nele Norman pode ouvir David Frost, Jim Brown e Joe Frazier conversando entre os assaltos, uma agradável sensação de distanciamento por eles oferecida, pois estão do outro lado das fileiras da imprensa. Ouvi-los oferece o conforto de um homem que, junto de sua lareira, observa uma tempestade de neve. Jim Brown pode ter dito ontem à noite que Ali não tinha chance, mas Brown é um atleta que relata o que vê. "Grande assalto para Muhammad Ali", ele comenta. "Ele fez um trabalho fantástico, embora eu não ache que ele consiga manter esse ritmo."

Emburrado, Joe Frazier discorda. "O assalto foi equilibrado... muito parelho."

David Frost: "Você não daria esse assalto para Ali?"

Joe não está lá para torcer por Ali, não depois de Ali tê-lo chamado de ignorante. "Foi muito parelho. Ali deu dois ou três golpes bons no rosto, e o George bateu no corpo."

Foreman está sentado em sua banqueta ouvindo Sadler. Seu rosto se mostra intrigado, como se ele tivesse aprendido mais do que o habitual nos últimos minutos e a sensação fosse meio agradável. Ele certamente aprendeu que Ali sabe bater. Seu rosto já exibe calombos e vergões. Ali também é melhor no corpo a corpo do que qualquer lutador que já enfrentou. Mais capaz de agitá-lo. Ele se recosta para sossegar o dolorido calor de seus pulmões depois da fúria fervente do assalto. Ele consegue sorrir para alguém num assento próximo. O sorriso é forçado. Do outro lado do ringue, Ali cospe na vasilha estendida para ele e parece totalmente acordado. Seus olhos estão tão acesos quanto os de um adolescente do gueto que caminha por um território estranho. Pouco antes de soar o gongo, ele se levanta em seu corner e puxa uma ovação. O braço de Ali golpeia o ar para inspirar a multidão, e ele faz questão de franzir o cenho para Foreman. Abruptamente, logo após o gongo, seu humor muda.

Quando Foreman se aproxima, Ali volta às cordas, não, deixa-se levar para um canto, o pior lugar em que um pugilista pode estar, o pior lugar segundo tudo o que se conhece sobre boxe. Num canto você não pode escorregar para o lado, não pode recuar. Você precisa lutar para escapar. Com o guincho que vem de uma multidão quando um carro tenta ultrapassar outro numa corrida, Foreman partiu para encurralar Ali, e Ali lutou a boa briga de rato preso no corner, suas luvas lançadas em velocidade frenética contra as luvas de Foreman. Aquilo estava virando uma espécie de disputa de bofetadas – do tipo em que dois garotos altos podem apresentar quando um tenta acertar o outro na cara. Está longe de ser a prática ortodoxa, na qual você sai de um corner disparando ou se esquivando ou atacando. No entanto, visto que Ali continuava batendo e Foreman não o fazia, George retrocedeu, confuso, como se tivesse revertido a memórias de quando brigava aos dez anos de idade e ficava assustado – sim, Ali devia ter feito alguma escolha psicológica, e tinha escolhido bem. Ele saiu do corner e segurou Foreman pela cabeça outra vez, num abraço tão bem aplicado que se via em Foreman a expressão pesarosa de um novilho derrubado ao chão por um caubói.

Assim que o árbitro os separou, Ali começou a recuar pelo ringue. Foreman o perseguia com golpes velozes. "Mostre a ele", devia ter sido a instrução do corner para George, "que as suas luvas são tão rápidas quanto as dele." De repente, Foreman acertou Ali com um forte direto de direita. Ali se segurou em Foreman para assimilar o choque. Depois da luta ele diria que alguns dos golpes de Foreman iam direto até a ponta dos pés, e esse deve ter sido um deles. Quando os lutadores foram separados, Foreman perseguiu Ali até as cordas, e Ali se saiu com outro truque, seus quatro centímetros de braço. Ele esticou os braços no rosto de Foreman para mantê-lo fora de ação. O assalto já durava quase um minuto quando Ali encaixou seu primeiro bom golpe, outra direita. Mas Foreman o atacou e o empurrou, baixando as luvas de Ali com suas próprias luvas, impelindo o adversário mais e mais para trás, rechaçando as luvas de Ali quando não gostava do modo como elas se moviam. Foreman estava começando a ditar os rumos da luta. Ele podia ser um provocador, mas era um mestre na provocação. Não reagia ao ditado pelos outros, gostava de impor seu próprio ritmo. A força que ele buscava na serenidade o prendera numa estrada unilinear; esse caminho estava funcionando agora. Ali continuava recuando, e Foreman o pegou de novo. Duro! Mais uma vez Ali o segurava com ambas as mãos, atrás da cabeça, atrás do bíceps, meio se contorcendo e meio navegando aqueles golpes ligeiramente abafados que Foreman continuava desferindo. Foreman havia começado a dominar as ações a ponto de fazer com que a melhor tática para Ali parecesse ser a obrigação de levar o que restasse de cada golpe depois da tentativa de sufocá-lo. Ele continuava tentando parar Foreman no corpo a corpo.

Mas então Ali deve ter chegado a uma primeira avaliação de pontos fortes e fracos, pois ele tomou – em algum momento na metade do assalto –, só pode ter tomado, uma decisão sobre como conduzir o restante da luta. Ali não parecia capaz de machucar Foreman seriamente com aqueles golpes de direita. Tampouco ele era mais forte do que Foreman, exceto quando agarrava seu pescoço, e certamente não podia sustentar mais um dos episódios nos quais se segurava em Foreman enquanto George o surrava. Custava pontos, era doloroso e não rendia nada. Por outro lado, era cedo demais para dançar. Sua resistência iria pelo ralo depressa demais. Havia chegado a hora, portanto, de ver se ele conseguiria superar Foreman recostado nas cordas. Essa tinha sido sua opção desde o início, e era sua opção mais perigosa. Porque, enquanto Foreman tivesse forças, as cordas provariam ser praticamente tão seguras quanto andar de monociclo sobre um parapeito. Mesmo assim, o que é o gênio senão manter o equilíbrio na beira do impossível? Ali apresentou então seu grande tema. Deitou-se nas cordas na metade do segundo assalto, e nessa posição ele trabalharia pelo resto da luta, reclinado num ângulo de dez ou vinte graus desde a vertical e às vezes ainda mais, um ângulo apertado e quase torturante para boxear.

Ali, é claro, ficara se preparando justamente para esse momento nos dez anos anteriores. Durante dez anos ele treinara com poderosos golpeadores que lhe castigavam a barriga enquanto ele ficava deitado nas cordas. Então ele assumiu essa posição com confiança, ombros em paralelo à borda do ringue. Nessa postura, sua direita não teria mais impacto do que um direto de esquerda, mas ele podia ficar em posição para cobrir a cabeça com as duas luvas, e a barriga com os cotovelos, ele poderia balançar e oscilar, inclinar tanto o corpo para trás até que Foreman tivesse de cair sobre ele. Caso Foreman diminuísse o ritmo pelo cansaço de tantos golpes, Ali poderia saltar no impulso das cordas e castigá-lo, sacudi-lo, fazê-lo parecer desajeitado, zombar dele, despertar sua raiva, o que ainda poderia desgastar Foreman mais do que qualquer outra coisa. Nessa posição, Ali poderia inclusive machucá-lo. Um *jab* dói se você trombar com ele, e Foreman está sempre vindo para cima. Mesmo assim, Ali fica na posição de quem se curva e se agacha na moldura de uma porta enquanto outro homem vem para cima dele com dois porretes. Lá vem Foreman com seus dois porretes. Na primeira troca ele atinge Ali cerca de seis vezes para cada golpe que Ali devolve. Mas os socos na cabeça de Ali parecem não o incomodar; ele engole o impacto com o corpo todo. Ele é como uma mola nas cordas. Os golpes parecem atravessá-lo como se ele fosse de fato um amortecedor construído para sofrer choques. Nada de seu espírito fica congestionado nas articulações. Incentivado pelo reconhecimento de que pode sobreviver àqueles golpes, ele começa a provocar Foreman. "Você sabe bater?", ele grita. "Você não sabe bater. Você só empurra!" Como sua cabeça estava ao alcance das luvas de Foreman, Foreman se lança contra ele. Lá se vai para trás a cabeça de Ali, como um menino se esquivando de uma bola de beisebol. Bum pra você, faz Ali, catapultado de volta. Pá-pum! Agora Foreman está errando e Ali está acertando.

Aquilo já está virando um modo de lutar e até um modo de viver, mas, para o corner de Ali, ver aquilo é um terror. Nos últimos trinta segundos desse segundo assalto, Ali desfecha diretos de direita das cordas, velozes como *jabs*. A sensação na cabeça de Foreman deve ser a de um prego sob um martelo. Restando poucos segundos, Foreman desfere seu maior soco da noite, um trem expresso em forma de gancho de esquerda que causa espasmos na noite enquanto avança. Mas meio lento demais. Ali o deixa passar do jeito lânguido e calmo com que Archie Moore observava um gancho violento errar seu queixo por meio centímetro. No vazio do esforço, Foreman fica tão desequilibrado que Ali poderia jogá-lo para fora das cordas. "Nada", Ali diz através do protetor bucal. "Você não tem pontaria." O gongo soa, e Foreman parece deprimido. Houve um desespero prematuro naquela esquerda. Ali balança a cabeça com escárnio. Claro, esse é um dos truques básicos de Ali. Durante seu primeiro confronto com Frazier, ficou a luta inteira sinalizando à plateia que Joe não conseguia impressioná-lo. E o tempo todo Ali se afundava em mais problemas.

14. O homem nas cordas

PARECE QUE OITO assaltos se passaram, mas só completamos dois. Será por que estamos tentando assistir com o senso de tempo dos pugilistas? Antes que o cansaço leve os boxeadores aos caldeirões dos condenados, eles vivem no auge da consciência e com um senso dos detalhes que não encontram em nenhum outro lugar. Em nenhum outro lugar sua inteligência é tão plena, nunca seu senso de tempo é capaz de conter tanto de si próprio quanto no longo esforço interno do ringue. Trinta minutos passam como três horas. Aceitemos a possibilidade, portanto, de que a leitura de nossa descrição da luta possa ser mais longa do que a própria luta. Podemos ter certeza: a luta foi ainda mais longa para os pugilistas.

Contemplem os dois sentados em seus *corners* entre o segundo assalto e o terceiro. O resultado da luta ainda não está determinado. Nem para um nem para outro. Ali tem um problema enorme, do mesmo tamanho de sua enorme autoconfiança. Todo mundo especulava se Ali conseguiria passar pelos primeiros assaltos e suportar os golpes de Foreman. Agora o problema era mais complexo: ele conseguiria desmantelar a força de Foreman antes que esgotasse todos os seus trunfos?

Foreman tem outro problema; ele pode não estar tão ciente disso quanto seu *corner*. Não há temor em sua mente de que não conseguirá vencer a luta. Ele nem pensa nisso, não mais do que um leão supõe que será incapaz de destruir um guepardo; não, é só uma questão de encurralar Ali, uma frustração enlouquecedora. Mesmo assim, o insulto à sua raiva só pode preocupar seu *corner*. Dificilmente poderiam lhe pedir para não ficar furioso. A raiva de Foreman, afinal de contas, foi o que o levou a nocautear tantos adversários. Eliminá-la é deixá-lo bovino. Não obstante, ele precisa conter sua raiva até pegar Ali. Caso contrário, vai se desgastar.

Assim, Sadler trabalha nele, esfrega seu peito e sua barriga, Sadler trabalha com seus dedos em todos os lugares onde a raiva está congestionada, na carne dos peitorais e dos músculos embaixo do peito de Foreman, o toque de Sadler tem toda a sabedoria de 35 anos de dedos negros proporcionando alívio para carne negra, sensuais são seus dedos enquanto ele aperta e molda e balança e alivia, sua pulseira de prata brilhando no pulso negro. Quando sente que o pugilista se acalmou, Sadler começa a falar, e Foreman assume a expressão de um homem cuja cabeça está trabalhando lentamente. Ele tem muito no que pensar. Cospe na vasilha oferecida e assente com respeito. Parece estar ouvindo seu dentista.

No *corner* de Ali, Dundee, com a serena atenção de um sommelier, leva aos lábios de Ali a garrafa de água coberta por fita adesiva, e o faz com o dedo indicador sob o gargalo para que a garrafa não derrame água demais enquanto ele a inclina. Ali bochecha e cospe com os olhos perdidos fazendo cálculos muito sérios em que considera alternativas amargas, mas necessárias.

Joe Frazier: "George está batendo naquele corpo com pauladas. Tá machucando o corpo. Ali não devia ficar nas cordas... Se ele não se mexer ou cortar o George, George vai passar por cima dele. Ele precisa se mexer. Não precisa ficar nas cordas. Por que motivo ele está nas cordas?". Frazier soa ofendido. Até o som da palavra o preocupa. Joe Frazier se consideraria *perdido* se tivesse de trabalhar nessa posição. Corda é um kuntu feio e desgraçado.

Jim Brown retruca: "Ali está castigando George Foreman *apesar* de estar na corda. Ele está encaixando uns golpes tremendos e" – a sabedoria do jogador de futebol profissional – "lá pelas tantas isso afeta".

Soa o gongo. Mais uma vez, Ali sai do *corner* com uma expressão superior e ameaçadora, como se neste assalto com absoluta certeza lançaria seu ataque contra Foreman, e uma vez mais vê algo de errado na estratégia, profundamente errado, altera seu plano instantaneamente, recua e começa a usar as cordas. Lá vem Foreman. A luta assumiu seu padrão formal. Ali vai se atirar nas cordas por opção própria, e Foreman vai persegui-lo. Agora, em todos os assaltos, Ali vai trabalhar por trinta ou quarenta segundos ou até mesmo por todo um minuto com as costas a não mais do que trinta ou sessenta centímetros da corda superior, e na metade do tempo estará nas cordas. Quando a força do clima ou a lógica do *clinch* sugerir que a virtude de um conjunto de cordas foi esgotada, ele recuará pelo ringue para usar outras cordas. Passará em média um quarto de cada assalto em cada um dos quatro lados do ringue. Poderia muito bem estar atraindo uma força consciente dos deuses fúnebres do Norte, do Oeste, do Leste e do Sul. Nunca uma grande luta ficou tão travada num padrão de movimento. Ela parece coreografada por alguém que não sabe nada sobre o funcionamento das pernas e é infinitamente inventivo quanto aos braços. A luta prossegue exatamente dessa forma, assalto após assalto, e mesmo assim ela dificilmente é entediante, pois Ali aparenta estar em constante perigo, e está, e não está. Ele está virando do avesso os bolsos do mundo do boxe. Está demonstrando que aquilo que para outros pugilistas é uma fraqueza, para ele pode ser uma força. Foreman foi treinado para guinar instintivamente de um lado para outro de modo a neutralizar a habilidade de Ali de lutar em círculos. Foreman aprendeu a forçar o recuo até as cordas. Mas Ali não faz esforço algum para escapar. Ele não circula, tampouco reverte seu círculo. Em vez disso, retrocede. Os braços estendidos de Foreman se transformam numa desvantagem. Incapaz de golpear um alvo dançante, ele precisa avançar constantemente. E quando ele faz isso Ali recebe-o com diretos de esquerda e direita, velozes como golpes de caratê. Mas, ora, a esposa de Ali é faixa preta no caratê.

Mais cedo ou mais tarde, no entanto, Foreman sempre chega em cima dele, apoiando-se nele, batendo nele, distribuindo golpes com toda a fúria que George sabe aplicar ao saco de pancadas. Ali usa as cordas para absorver o espancamento. Quando se está apoiado apenas nos pés, é doloroso absorver um soco forte no corpo, mesmo quando bloqueado com os braços. O torso, as pernas e a espinha recebem o choque. É preciso absorver o grosso do soco. Recostado nas cordas, contudo, Ali pode repassá-lo; as cordas receberão a tensão. Quando não consegue interceptar os golpes de Foreman com as luvas, ou desviá-los, ou curvar o ombro de Foreman para estragar seu movimento, ou inclinar a cabeça para trás, deslizar para o lado, ou subir para abraçar a cabeça de Foreman, quando afinal não lhe resta nada exceto levar o soco, aí Ali retesa o corpo e conduz o choque ao longo das cordas, de modo que Foreman deve se sentir como quem bate num tronco de árvore que oscila contra cordas. O poder de Foreman parece viajar direto ao longo das linhas e sacudir os postes do ringue. Isso fortalece o senso de relaxamento de Ali – ele tem sempre o último recurso de se preparar para receber o golpe. Quando, ocasionalmente, um golpe de fato machuca, ele dá o troco em Foreman, cruel e apimentado, usando a esquerda e a direita nos *jabs*. Como seus ombros estão contra as cordas, os *jabs* vêm tanto da direita quanto da esquerda. Com seu timing, é um ótimo *jab*. Ali tem o dom de bater em Foreman sempre que Foreman se lança contra ele. Isso duplica ou triplica a força. Além disso, ele usa tantos *jabs* de direita que Foreman deve estar começando a se perguntar se não está lutando contra um canhoto. Então vem o *jab* de esquerda outra vez. Um canhoto invertido? Há um elemento desestabilizador, é como fazer amor com uma morena quando ela está usando uma peruca loira. Claro, Ali também tem perucas vermelhas. Ao fim do assalto, Ali acerta em Foreman alguns dos golpes mais duros da luta. Uma direita, uma esquerda e uma direita deixam Foreman perplexo com a combinação. Ele não deve ter visto essa combinação desde sua última briga de rua. Ali lança um olhar de desprezo, e os dois se agarram por alguns instantes até soar o gongo. Nos poucos segundos que Foreman leva para chegar ao *corner*, suas pernas parecem as pernas de um homem doente que acaba de se levantar e dá uma volta no quarto pela primeira vez em uma semana. Ele quase tropeça no caminho até o banco.

No corredor, Rachman Ali começa a zombar de Henry Clark. "Teu cara é um pateta", disse Rachman. "Ali vai acabar com ele." Clark só podia parecer preocupado. Não dava para dizer que a noite era dele. Primeiro sua própria luta tinha sido adiada, depois cancelada, e agora ele observava George de cima de um caixote no corredor. Como ele fizera uma grande aposta em George, o último assalto deixara-o bem preocupado.

No *corner*, Sadler massageava o ombro direito de Foreman e George engasgava um pouco, o interior de seus lábios mostrava uma chocante espuma branca como a boca de um cavalo que galopou demais.

Não obstante, George voltou parecendo animado ao toque do gongo. Foi direto ao centro do ringue para mostrar a Ali um novo tipo de finta, um longo movimento desajeitado das mãos acompanhado por breves meneios da cabeça. Tudo isso num ritmo diferente, como que dizendo: "Nem comecei a mostrar o que eu sei".

Ele parecia vivaz, mas mantinha sua mão direita junto à cintura. A fadiga devia ter causado um certo descuido em sua postura, pois Ali imediatamente respondeu com uma direita ofensiva e dura, um gancho rápido e outra direita tão pesada na cabeça de Foreman que ele se agarrou num *clinch*, pela primeira vez na luta. Naquele momento, abraçando Ali enquanto a vertigem colidia com a náusea, e a bílis escaldava sua respiração, ele deve ter entrado numa nova consciência da situação, pois George começou a parecer melhor imediatamente. Ele passou a levar Ali às cordas e acertá-lo de vez em quando, e pela primeira vez em algum tempo não estava sendo golpeado de volta. Começou inclusive a atrapalhar o ritmo de Ali. Até aquela altura, sempre que levava um golpe, Ali se afastava das cordas e dava o troco em Foreman. Algumas vezes nesse assalto, porém, Ali mal iniciava seu movimento e George metia o antebraço em seu pescoço, ou tratava de paralisá-lo no corpo a corpo.

Ali falava o tempo todo. "Vamos lá, George, mostra alguma coisa aí", ele dizia. "Não consegue bater mais forte? Isso aí não é forte. Achei que você era o Campeão, achei que você sabia dar um soco", e Foreman, trabalhando como um pedreiro que corre pirâmide acima para assentar seus tijolos, bufava e lançava seus braços em súbitas e inesperadas direções tentando pegar o adversário que se balançava nas cordas, com Ali mais confiante a cada minuto na sinecura da corda; mas no fim do assalto Foreman o pegou com o melhor golpe que desfechara nos últimos minutos, batendo em cheio pouco antes de soar o gongo, e enquanto se virava para sair falou claramente: "Assim tá bom?".

Aquilo deve tê-lo incentivado, pois no quinto assalto ele tentou derrubar Ali. Mesmo com Ali ganhando confiança nas cordas, Foreman estava convencido de que poderia romper as defesas de Ali. Confiança de ambos os lados significa guerra. Aquele entraria para a história como um dos grandes assaltos do boxe peso-pesado; ele foi tão bom, de fato, que forjou sua própria moldura em meio à luta. Dava para vê-lo delineado para sempre com luzes: *O Grande Quinto Assalto da luta Ali-Foreman!*

Como acontece em muitos dos grandes eventos, o início não foi muito notável. Foreman terminou bem o quarto assalto, mas junto do ringue circulavam expectativas de que uma reviravolta monumental poderia estar tomando forma. Até Joe Frazier admitia que

George "não estava calmo". Foi preciso que John Daly escancarasse a David Frost: "Ali está ganhando de lavada para mim, e acho que ele vai dar conta do recado em mais quatro assaltos!".

Foreman não concordava. Ele havia farejado a vitória naquele fim do quarto, o bom golpe em cheio – "Assim tá bom?". Ele voltou no quinto com a convicção de que, se a força não prevalecera contra Ali até então, a resposta seria mais força, consideravelmente mais força do que Ali jamais vira. Se o rosto de Foreman estava inchado de tanto apanhar e suas pernas estavam se movendo como rodas com aro lascado, se seus braços estavam começando a queimar na lava da exaustão e sua respiração rugia nos pulmões como a explosão de um leito de fogo, ainda assim ele era um prodígio de força, ele era *o* prodígio, ele podia sobreviver a situações de tortura e disparar seus canhões quando outros não conseguiam sequer levantar os braços. Ele tinha sido treinado para resistir até mais do que para executar, e em Pendleton, começando a trabalhar para esta luta, numa ocasião boxeara quinze assaltos com meia dúzia de parceiros de sparring que se revezavam a cada dois assaltos, ao passo que a Foreman só eram permitidos trinta segundos de descanso entre cada assalto. Ele podia continuar, ele podia continuar e continuar, ele era incansável nos braços, sim, poderia derrubar uma floresta, erradicá-la totalmente sozinho, e agora ia descer o machado em Ali.

Os dois trocaram socos inconclusivos no primeiro meio minuto. Então começou o bombardeio. Com Ali apoiado nas cordas, reclinado nas cordas como um pescador de alto-mar se reclina em sua cadeira quando fisga um grande troféu, assim Ali se preparou, e Foreman avançou para detoná-lo. Teve início um bombardeio reminiscente de batalhas de artilharia da Primeira Guerra Mundial. Nenhum dos dois se moveu mais do que algumas dezenas de centímetros durante um minuto e meio. Naquele pequeno espaço de combate, Foreman iniciou o bombardeio em quatro e seis e oito e nove golpes pesados e loucos, pesados como portas de carvalho batendo, bombas no corpo, raios na cabeça, golpeando até perder o fôlego, recuando para retomar o fôlego e atacar de novo, outra bomba, outra explosão, surrar e ferir a todo vapor o torso diante de si, arrasar seus braços, romper por entre aqueles braços, chegar às costelas, desenterrá-lo, desenterrá-lo, plantar a dinamite na terra, levantá-lo, socá-lo, mandá-lo pelos ares, movê-lo, desconcertá-lo – grande retroescavadeira, ele deve ter pensado consigo mesmo, mate este bode louco saltitante.

E Ali, com as luvas na cabeça, os cotovelos nas costelas, esperava e oscilava e era chocalhado e batido e sacudido como um gafanhoto no alto de um junco quando açoita o vento, e as cordas tremiam e balançavam como lençóis numa tempestade, e Foreman atacava com sua direita no queixo de Ali, e Ali voava para trás escapando por um centímetro, meio corpo fora do ringue, e voava de volta para empurrar o cotovelo de Foreman e abraçar suas próprias costelas e oscilar, e oscilar um pouco mais, e se deitar nas cordas e voltar das cordas e desviar um soco e repetir o movimento com a grande calma de um homem que balança nas cordas. E o tempo todo ele usava seus olhos. Eles pareciam estrelas, e Ali fintava Foreman com os olhos, reluzindo em seus brancos olhos um pânico que ele não sentia e que induzia Foreman a cair em cima dele, aguardando um movimento errado. Ali olhava numa direção enquanto inclinava sua cabeça em outra, então encara Foreman olhos nos olhos, prendendo seu olhar, alma contra alma, muntu contra muntu, abraçando sua cabeça, espreitando por entre as luvas, imobilizando sua axila, depois provocando Foreman no limite das cordas, depois voando de volta enquanto Foreman mergulhava, atormentando-o, enlouquecendo, aparentando a todos a frieza de quem treina em roupão de banho, agora afastando a cabeça de Foreman com o giro de um toureiro que despacha um touro depois de cinco dribles perfeitos, e uma vez, quando pareceu hesitar um pouco demais, provocando Foreman um pouco demais, algo se agitou em George como a percepção que toma conta da arena quando um touro está finalmente pronto para escornar o toureiro em vez do pano, e, como um integrante de uma *cuadrilla*, alguém no corner de Ali gritou "Cuidado! Cuidado! Cuidado!", e Ali voou para trás bem a tempo, pois enquanto ele balançava nas cordas Foreman desferiu seis de seus mais poderosos ganchos de esquerda em sequência e depois uma direita, era o centro de sua luta e o coração de seu melhor ataque, uma esquerda na barriga, uma esquerda na cabeça, uma esquerda na barriga, uma esquerda na cabeça, uma esquerda na barriga, outra na barriga e Ali bloqueou todas, com o cotovelo protegendo a barriga, a luva protegendo a cabeça, e as cordas voavam como cobras. Ali estava esperando as esquerdas. Ele não estava preparado para a direita que se seguiu. Foreman lhe acertou um golpe poderoso. As cavilhas do ringue guincharam. Ali gritou: "Não doeu nem um pouco". Terá sido esse o melhor golpe que levou a noite toda? Depois disso ele teve de resistir a mais dez. Foreman continuava embebendo seus músculos num copo de desespero fervente com a máxima determinação, golpes ao fim do que pode ter sido uma série de até quarenta ou cinquenta em um minuto, qualquer um deles forte o bastante para verter água da espinha até os joelhos. Algo podia ter finalmente começado a ceder no n'golo de Foreman, a perda da essência da raiva absoluta, e Ali, passando por cima do bombardeio, vez por outra soltava um golpe no pescoço de Foreman como uma dona de casa enfia um palito de dente num bolo para ver se está pronto. Os golpes ficaram mais e mais fracos, e Ali por fim saiu das cordas e nos últimos trinta segundos do assalto desferiu seus próprios golpes, ao menos vinte. Quase todos acertaram o alvo. Alguns dos golpes mais duros da noite foram desferidos. Quatro direitas, um gancho de esquerda e uma direita se uniram numa combinação estupenda. Um golpe girou a cabeça de Foreman em noventa graus, um cruzado de direita com luva e antebraço que bateu na lateral da mandíbula; o contato duplo não tinha como não ser sentido; primeiro da luva, depois do braço nu, atordoando e abalando. Paredes devem ter começado a rachar no interior do cérebro. Foreman cambaleou e tropeçou e encarou Ali furiosamente e foi atingido de novo, pá-pum!, mais dois. Quando aquilo acabou, Ali pegou Foreman pelo pescoço como um irmão mais velho castigando um irmão caçula grandalhão e bobo, e olhou para alguém na plateia, algum inimigo ou talvez um amigo rancoroso que tivesse previsto a vitória de Foreman, pois Ali, segurando George pelo pescoço, botou para fora uma longa língua branca. Do outro lado das cordas, Bundini escancarava um sorriso ao som do gongo.

"Eu realmente não acredito", disse Jim Brown. "Eu realmente não acredito. Achei que ele estava machucado. Achei que o corpo dele estava machucado. Ele voltou. Ele bateu em Foreman com tudo. E ele piscou para *mim*." Piscou ou mostrou a língua?

No corredor, Rachman berrava para Henry Clark. "Teu lutador é um pateta. Ele é um amador. Meu irmão tá matando ele. Meu irmão tá desmascarando ele!"

15. A canção do carrasco

E ASSIM COMEÇOU o terceiro ato da luta. Era raro, para um final de segundo ato, algo melhor do que o fracasso de Foreman em destruir Ali nas cordas. Mas as últimas cenas trariam outro problema. Como baixar a cortina final? Porque se Foreman estava exausto, Ali estava esgotado. Ele havia batido em Foreman mais forte do que jamais batera em alguém. Havia batido nele repetidamente. A cabeça de Foreman, naquela altura, devia estar igual a um pedaço de borracha vulcanizada. Não era inconcebível que se pudesse bater nele a noite toda e nada mais acontecesse. Há um limiar para o nocaute. Quando este limiar está perto, mas não é atravessado, aí o lutador pode cambalear pelo ringue para sempre. Foreman recebera a terrível mensagem e ainda está de pé. Nenhuma dose maior do mesmo castigo poderá destruí-lo. Ele é como a vítima de um casamento tenebroso ao qual ninguém sabe como dar fim. Assim, Ali foi obrigado a produzir mais uma surpresa. Se não o fizesse, a mais infeliz ameaça poderia se apresentar enquanto ele e Foreman seguissem aos tropeços pelos assaltos restantes. É uma agonia tentar encontrar até mesmo um pequeno sentido de estética no boxe. Seria um desperdício cruel, para um artista como Ali, perder a perfeição daquela luta vagando por monótonos trinta minutos até uma melancólica decisão unânime.

Um belo final para a luta seria eternizado em lenda, mas uma vitória sem graça, anticlimática no final, poderia deixar Ali na meia lenda – louvado com exagero pelos amigos e contestado pelos inimigos –, precisamente o estado que aflige a maioria dos heróis. Ali estava lutando para provar outras coisas. Era o que dizia. Então Ali precisava se desfazer de Foreman dentro de poucos assaltos e fazê-lo bem, um problema formidável. Ele era como um *torero* que, depois de uma grande *faena*, ainda devia enfrentar o sombrio potencial de um abate inepto e decepcionante. Como não há prazer maior entre os atletas do que tomar para si o estilo de um oponente, Ali tentaria roubar o último orgulho de Foreman. George era um carrasco. Ali faria melhor. Mas como executar o carrasco?

O problema foi revelado em todos os seus arrastados meandros durante os três assaltos seguintes. Foreman saiu para o sexto parecendo um gato de rua com sobrancelhas mordidas. Calombos e inchaços cobriam seu rosto todo, sua pele era um asfalto cozido pelo sol. Quando soou o gongo, entretanto, ele parecia perigoso novamente, não era mais um gato, era um touro. Ele baixou a cabeça e arremeteu pelo ringue. Ele era a demonstração total do poder de uma ideia mesmo quando a ideia não funciona mais. E de pronto foi agarrado e estrangulado pelo braço de Ali durante alguns segundos valiosos e pacificadores, até que Zack Clayton os separou. Depois Foreman chegou junto para desfechar mais golpes. Seu poder, no entanto, parecia ter sumido. Os golpes eram lentos e hesitantes. Não alcançavam Ali. As luvas de Foreman estavam ficando tímidas. Seus movimentos mais rápidos apareciam agora numa defesa nervosa que rebatia os golpes de Ali para longe de seu próprio rosto.

Foi neste momento da luta que Ali tratou de recorrer ao clássico *jab* de esquerda que todos haviam esperado no primeiro assalto. No meio minuto seguinte, golpeou a cabeça de Foreman com dez *jabs* potentíssimos desferidos com a velocidade da estocada de um bom esgrimista, e Foreman recebeu com apatia para completar a quase apatia de suas esperanças. Cada vez que sua cabeça era jogada para trás, alguma comunicação entre sua mente e seus nervos era decerto reduzida. Um ataque cirúrgico.

Mas algo na reação de Foreman levou Ali a desistir. Talvez nada mais do que seu próprio senso de moderação. Poderia parecer absurdo se ele continuasse estocando Foreman para sempre. Além disso, Ali precisava descansar. Os dois minutos seguintes se transformaram nos dois minutos mais lentos da luta. Foreman ficou empurrando Ali para as cordas por puro hábito, um teimoso movimento para frente que lhe permitia descansar a seu modo, da única maneira que ainda conhecia, que era se apoiar no oponente. Ali, a essa altura, estava tão encantado com as vantagens das cordas que recaiu sobre elas como um homem voltando para casa em silencioso triunfo, sim, acomodado com o prazer exausto de um trabalhador que volta para a cama depois de um longo dia para ser premiado com um pouco dos deleites de Deus por sua esposa trabalhadora. Mostrava-se quase carinhoso com os avanços diligentes de Foreman, abraçando delicada e suavemente seu pescoço. Então o ferroava com pauladas de caratê saídas dos ombros direito e esquerdo. Foreman estava agora tão cansado nos braços que só conseguia iniciar um golpe deixando seu corpo se projetar até que o impulso incentivasse um movimento do braço. Ele parecia um bêbado, ou melhor, um sonâmbulo numa maratona de dança. Seria sensato conduzi-lo até o abate sem jamais acordá-lo. Embora derrubá-lo devesse ser uma questão simples, talvez não houvesse violência suficiente no ambiente daquele ringue para nocauteá-lo. Dessa forma, o choque de ele se ver na lona poderia ser um estimulante. Seu ego poderia reaparecer: uma vez no chão, ele passava a ser um campeão sob o dramático perigo de perder seu título – eis uma fonte incomensurável de energia. Ali agora analisava as reações da cabeça de Foreman do modo como um toureiro alinha um touro antes de atacar por cima dos chifres para atingi-lo. Ele se dobrou à esquerda e, ainda agachado, passou o corpo para a direita sob os punhos de Foreman, sem parar de estudar a cabeça, o pescoço e os ombros de George. Como Foreman cobria os movimentos, a conclusão razoável era de que o touro ainda tinha um acesso de força grande demais para matá-lo.

Os golpes de Foreman, porém, não passavam de pancadinhas. Eram suficientemente fracos para que qualquer sujeito em decente forma física pudesse absorvê-los. Mesmo assim, Foreman avançava. Arquejando em busca de fôlego, inclinando-se, quase mancando, num pa-ta-tá de socos débeis, só faltava ele se deitar sobre Ali nas cordas. Mas o problema em si ainda era a força de sua teimosia. Infindáveis poderes de determinação haviam sido construídos de um momento de silêncio para outro. O gongo assinalou o final do sexto assalto. Os dois homens, involuntariamente, sorriram de alívio.

Foreman parecia pronto para flutuar quando chegou a seu *corner*. Sandy Saddler não conseguia nem olhar para ele. A tristeza no *corner* de Foreman era agora mais pesada do que no vestiário de Ali antes da luta.

Ali parecia pensativo em seu *corner* e se levantou distraidamente antes da campainha e distraidamente puxou uma ovação do estádio com o braço apontado para o céu.

A ovação fez Foreman se mexer. Ele saiu de seu *corner* e se postou no meio do ringue antes do toque da campainha. Ali arregalou os olhos e o encarou num espanto simulado, depois com desdém, como se dissesse: "Agora já chega. Agora você está pedindo". Ele também saiu do *corner* e o juiz os manteve separados enquanto o gongo tocava.

Mesmo assim o assalto foi lento, quase tão lento quanto o sexto. Foreman não tinha velocidade, e Ali, por sua vez, não boxeava mais rápido do que o necessário, mas ficava mudando mais rapidamente do que antes de um canto das cordas para outro. Foreman estava sendo demasiado lento para acompanhar. Em certo momento no meio do assalto, Foreman passou cambaleando por Ali e, pela primeira vez na luta, ficou literalmente mais perto das cordas. Era uma constatação assombrosa. Depois dos primeiros cinco segundos da luta, Ali não havia voltado a avançar além do centro do ringue. Por sete assaltos, seu corpo, recuado, ficara entre Foreman e as cordas, exceto nos intervalos em que ia de um *corner* para outro. Dessa vez, vendo Foreman nas cordas, Ali se afastou de imediato, e Foreman se arrastou atrás dele como um soldado de infantaria que não tira os olhos do chão. A melhor jogada para Foreman, então, seria ficar no centro do ringue e convidar Ali a vir até ele. Caso se recusasse, Ali perderia o esplendor de seu desempenho, e, caso de fato avançasse, George teria a ocasião para procurar por pontos fracos. Enquanto esperava por Ali, Foreman poderia descansar. Mas George deve ter sentido algum temor inexprimível de que uma mudança de método traria o desastre. Então ele decidiu pular – muito obrigado! – para dentro do túmulo que cavara para si mesmo. Claro, ele não havia perdido totalmente as esperanças. Ele ainda trabalhava com a ideia de que um soco poderia pegar Ali de jeito. E restando menos de um minuto ele conseguiu acertar um gancho de esquerda na barriga de Ali, um golpe que fez Ali de fato engasgar. Em seguida Foreman o sacudiu com um *uppercut* de direita forte o bastante para que Ali o abraçasse num *clinch*, não, Foreman não ia desistir. Então ele se inclinou sobre Ali com um braço estendido e tentou espancá-lo com o outro. Parecia estar batendo um tapete. Foreman começava a revelar a atrapalhação de um lutador de rua no final de uma longa briga. Estava decaindo. Acontecia com todos, menos com os lutadores mais refinados, ao exaurido fim de uma longa e terrível luta. Lentamente eles degringolavam da elegância de seu melhor estilo até a joelhada na virilha e a pancada no alto da cabeça (com uma pedra em punho) das esquecidas brigas de rua.

Ali, com pelo menos metade do cansaço de Foreman, estava se poupando. Ele ainda se mostrava elegante em todos os movimentos. Ao fim do assalto, outra vez segurava com ternura, em sua luva, a cabeça de Foreman. Foreman estava começando a lembrar o computador Hal do filme *2001*, com seus componentes sendo retirados um a um, com defeitos começando a aparecer juntamente com lapsos espasmódicos. Contudo, algo da velha bazófia de Sadler, Saddler e Moore, algo inserido naqueles milhares de horas de treinamento, ainda transparecia em movimentos e gestos ocasionais. Os tapas mais fracos de suas luvas, porém, começavam a parecer súplicas. E seus braços continuavam lançando golpes. Ao fim do sétimo assalto ele mal conseguia ficar de pé: e mesmo assim deve ter disparado mais de setenta golpes. Bem poucos acertaram o adversário. Ali se limitou a 25 – pelo menos a metade deve ter atingido o alvo. Foreman lutava tão devagar quanto um desgastado lutador do Golden Gloves, lento como quem escala uma montanha de travesseiros, lento como teria parecido se o primeiro assalto tivesse sido reprisado em câmera lenta, eis o nível da lentidão com que Foreman lutava agora, e assim exposto, como num filme, ele fazia lembrar dos movimentos lentos e curvos de um jogador da defesa de uma equipe de futebol americano agarrando-se a um atacante no replay em câmera lenta – o boxe transitara da velocidade e do impacto para uma intimidade de movimento. Ali embalava a cabeça de Foreman com a esquerda, delicadamente, antes de arrebentá-la com a direita. Foreman parecia prestes a desabar de pura exaustão. Seu rosto tinha o aspecto macio e esfregado de uma criança que acabou de lavar o rosto sujo, mas na verdade os dois exibiam a expressão suave que os boxeadores assumem quando estão muito cansados e lutaram até o limite.

No *corner*, as mãos de Moore massageavam os ombros de Foreman. Sandy Saddler trabalhava em suas pernas. Dick Sadler falava com ele.

Jim Brown estava dizendo: "Esse cara, Muhammad Ali, é *irreal*". Quando Jim usava essa palavra, era um elogio. Jim Brown conseguia dominar o que quer que fosse real. E Frazier acrescentou com seu humor: "Eu diria que agora o meu homem não está liderando. Tenho a sensação de que não vai dar pro George".

No corredor, Rachman ainda gritava com Henry Clark. "Henry, admite, teu cara já era, ele é um pateta, ele é um lutador de rua. Henry, admite aí. Talvez eu não seja um lutador, eu sei que não sou bom como você, mas admite, admite, Muhammad detonou o George."

Mas ele não tinha detonado nada. Ainda não. Dois assaltos haviam se passado. Os dois assaltos mais maçantes da luta. A noite estava quente. Agora o ar se tornaria mais tropical a cada assalto. Em seu *corner*, Ali parecia sentir dor na respiração. Seriam seus rins ou as costelas? Dundee falava com ele, e Ali balançava a cabeça em desacordo. Em contraste com Foreman, sua expressão era aguda. Seus olhos pareciam tão rápidos quanto os olhos, isso mesmo, de um esquilo. O gongo soou para o oitavo assalto.

Trabalhando devagar, deliberadamente, recuando ainda mais uma vez, ele acertou Foreman com cautela, espaçando os golpes, fazendo mira, seis bons golpes, esquerdas e direitas. Era como se ele tivesse uma reserva de bons golpes, uma quantia numerada, como um soldado que conta suas balas num cerco, e por isso cada golpe devia cumprir uma parte predeterminada do trabalho.

As pernas de Foreman se moviam aos trancos, num desajeitado trote, como um cavalo que desbrava uma estrada cheia de pedras. Atingido pela centésima vez com um golpe cruel, sua resposta foi jogar um gancho de esquerda que, de tão desvairado, quase o catapultou para fora das cordas. Então, por um instante, suas costas e seu pescoço ficaram expostos para Ali, que preparou um direto mas não o desferiu, como que para demonstrar ao mundo por um instante que ele não desejava manchar a luta com qualquer golpe que lembrasse as marteladas que Foreman desferira na nuca de Norton e Roman e Frazier. Assim, Ali fez pose com aquele golpe e depois se afastou. Então, pela segunda vez na luta, Foreman se encontrara entre as cordas e o adversário, e Ali não fizera nada.

Bem, George saiu das cordas e correu atrás de Ali como um homem que persegue um gato. O golpe desvairado parecia tê-lo revigorado com a promessa de que parte de seu poder estava de volta. Seus mais potentes golpes estavam falhando, mas ao menos eram, de fato, potentes. Outra vez ele poderia ser seu próprio prodígio de força. Aconteceu então nas cordas uma agitação que lembrava o grande bombardeio do quinto assalto. E Ali continuava escarnecendo, e o diálogo prosseguia. "Bate forte", Ali disse, "achei que você sabia bater mais forte. Você é um fraco. Todo esgotado." Depois de um tempo, os golpes de Foreman já deslocavam menos ar do que sua respiração. Pela 18ª vez o *corner* de Ali gritava: "Sai das cordas. Nocauteia. Finaliza!". Foreman esgotara o estoque de força que havia trazido do sétimo para o oitavo. Ele dava patadas na direção de Ali como uma criancinha de um metro e oitenta abanando seu desgovernado braço de batalha.

Com vinte segundos restantes no assalto, Ali atacou. Pelos seus cálculos, pela experiência de vinte anos de boxe, com o conhecimento de tudo que ele aprendera sobre o que podia e não podia ser feito num ringue, ele escolheu aquela ocasião e, deitado nas cordas, golpeou Foreman com uma direita e uma esquerda, então saiu das cordas para golpeá-lo com uma esquerda e uma direita. Nessa última direita ele botou a luva e o antebraço de novo na cabeça, um soco estonteante que mandou Foreman cambaleando para frente. Enquanto ele passava, Ali o acertou na lateral do queixo com a direita e disparou para longe das cordas, de modo a deixar Foreman junto a elas. Pela primeira vez na luta toda ele deixava Foreman encurralado. Então Ali o pegou com uma combinação de socos rápidos como os golpes do primeiro assalto, só que mais duros e mais consecutivos; três direitas maiúsculas em sequência golpearam Foreman, depois uma esquerda, e no rosto de Foreman, por um instante, surgiu a percepção de que ele corria perigo e devia começar a buscar sua última proteção. Seu adversário estava atacando e não havia cordas por trás dele. Que deslocamento: os eixos de sua existência estavam invertidos! Era ele o homem nas cordas! Então um grande projétil, exatamente do tamanho de um punho numa luva, entrou no meio da mente de Foreman, o melhor golpe daquela noite agitada, o golpe que Ali guardara por toda uma carreira. Os braços de Foreman voaram para os lados como se ele estivesse saltando de um avião com paraquedas, e nessa posição, dobrado sobre si mesmo, ele tentou vagar para o centro do ringue. Seus olhos se mantinham fixos em Ali o tempo todo, e ele o contemplava sem raiva, como se Ali, de fato, fosse o homem que ele conhecia mais intimamente no mundo e o homem que ele veria no dia de sua morte. A vertigem se apossou de George Foreman e envolveu-o. Ainda curvado pela cintura naquela posição incompreensível, com os olhos em Muhammad Ali o tempo todo, ele começou a ruir e tombar e cair, mesmo contra sua vontade. Sua mente era atraída por ímãs tão altos quanto seu título, e seu corpo buscava o chão. Ele desmoronou como um mordomo de dois metros de altura com sessenta anos de idade que acaba de ouvir uma notícia trágica, sim, caiu durante dois intermináveis segundos. Aos poucos o campeão desmoronava, e Ali girava em sua volta, luvas prontas para golpeá-lo mais uma vez, e não houve a necessidade, era só uma escolta que o acompanhou até a lona.

O juiz levou Ali para um *corner*. Ele ficou parado, parecia perdido em pensamentos. Então ele arrastou os pés num sapateado rápido, mas contido, como que se desculpando por não ter pedido às pernas que dançassem, e ficou olhando enquanto Foreman tentava se levantar.

Como um bêbado no esforço de sair da cama para ir trabalhar, Foreman rolou no chão, Foreman iniciou a lenta e agonizante ascensão de todo aquele corpanzil que Deus de alguma forma lhe dera e, tendo escutado a contagem ou não, ficou de pé uma fração de segundo depois do dez, mas derrotado, porque, quando Zack Clayton o guiou com mão nas costas, ele andou com passos dóceis até seu *corner* e não resistiu. Moore o recebeu. Sadler o recebeu. Mais tarde se soube da conversa.

"Você está se sentindo bem?"

"Sim", disse Foreman.

"Bem, não se preocupe. Já passou."

"Sim."

"Você está bem", Sadler disse, "o resto vai se arranjar."

No ringue, Ali foi abraçado por Rachman, por Gene Kilroy, por Bundini, por uma horda de amigos negros antigos, novos e muito novos, que se precipitaram pelos corredores, subiram a boca do ringue, saltaram por entre as cordas e voaram para tocá-lo. Norman disse a Plimpton em tom de assombro, como um pai obtuso que percebe, de repente, que seu filho está de fato e indubitavelmente casado: "Meu Deus, ele é campeão de novo!", como alguém que tivesse treinado durante anos para não esperar uma notícia tão boa como aquela.

No ringue, Ali desmaiou.

Ocorreu de repente e sem aviso e quase ninguém viu. Angelo Dundee, fora das cordas gritando feliz para os repórteres, ignorava o que acontecia. O mesmo se dava com todos os rostos sorridentes. Apenas os oito ou dez homens que estavam bem próximos testemunharam a cena. Aquelas oito ou dez que celebravam felizes a vitória, ficaram de repente com expressões de horror. Bundini passou do riso ao choro em cinco segundos.

Talvez jamais alguém descubra por que Ali desmaiou. Fosse um aviso contra o orgulho excessivo dos anos vindouros – um raio particular enviado por Alá –, fosse a fraqueza da exaustão súbita, quem poderia saber? Talvez tivesse sido até mesmo o espasmo de um reflexo que ele devia ter refinado inconscientemente por meses – a capacidade de se recuperar em segundos do esquecimento total. Será que ele tinha sido obrigado a testá-lo pelo menos uma vez naquela noite? Ele era, em todo caso, campeão demais para permitir que um incidente acontecesse, e antes que dez segundos se passassem já estava de pé outra vez. Seus auxiliares, tendo sido alçados às alturas, depois aterrorizados e alçados de novo às alturas, olhavam para ele com semblantes de triunfo e consternação, a máscara invertida da comédia e a boca uivante da tragédia lado a lado naquele instante no ringue africano.

David Frost exclamava: "Muhammad Ali conseguiu. O grande homem conseguiu. Esta é a cena mais jubilosa jamais vista na história do boxe. Esta é uma cena incrível. A multidão está enlouquecida. Muhammad Ali venceu". E como o locutor diante dele começara tarde a contagem, largando dois segundos atrás do juiz e dessa forma contando oito quando Clayton dizia dez, ficou parecendo em todas as telas de circuito fechado do mundo inteiro que Foreman havia se levantado antes do fim da contagem, e a confusão era generalizada. Como poderia ser diferente? A mídia nunca deixava de germinar a semente da confusão. "Muhammad Ali venceu. Por um knockdown", Frost disse de boa-fé. "Por um knockdown."

Nos Estados Unidos, todo mundo já berrava que a luta tinha sido arranjada. Sim. Assim como *A ronda noturna* e *Retrato do artista quando jovem*.

16. Chegaram as chuvas

Para os repórteres, a luta mal tinha começado. Eles precisavam entrar no vestiário de Ali. Acabou sendo uma exclusiva para Norman, sua primeira. Como conseguiu entrar ele não seria capaz de calcular mais tarde, mas uma quantidade considerável de oportunos empurrões em meio ao pelotão de soldados junto à porta teve alguma influência. Era preciso empurrar com força suficiente para progredir, mas não tão forte a ponto de merecer uma coronhada de rifle nas costelas – o grande esforço final foi uma perna enfiada logo atrás de um homem gordo que ele nunca tinha visto antes.

No vestiário, tentavam bater a porta para proteger Ali de uma inundação de carne, então houve um minuto em que Norman se sentiu feliz por cada músculo que tinha. Quando alguém fez uma investida para entrar atrás dele, a vanguarda se transformou em partes de três corpos que atravessavam a porta ao mesmo tempo. Como ele estava no meio e os outros torsos eram macios, ele se viu introduzido em segurança. Que aperto interminável!

Pat Patterson, com uma pistola cromada no quadril e a fúria de um policial ante um assalto à sua delegacia, decidiu ajudar, finalmente, empurrando os outros para trás e puxando Norman para dentro. Para sua surpresa, ele era o único repórter no recinto. Nunca um homem fizera render tão pouco sua exclusiva. É claro, ele teria meses para escrever sua reportagem e meio ano até a publicação – não havia necessidade alguma de correr em busca de um telefone dali a dez minutos. Contudo, mesmo que alguém estivesse esperando a milhares de quilômetros de distância numa redação, talvez nem assim tivesse agido diferente. Ele não queria fazer perguntas a Ali, queria lhe apresentar seus cumprimentos. Não há muitas ocasiões na vida, apesar de tudo, em que o sentido da ironia desaparece tão claramente.

Ali estava sentado na mesa de massagem com as mãos nos joelhos, parecendo um anfitrião feliz e cansado depois de uma boa festa. Não havia marcas em seu rosto além de um pequeno machucado vermelho em uma das bochechas. Talvez ele nunca tivesse parecido mais bonito. Ele olhava em volta como uma criança. "Eu roubei o doce", diziam seus olhos, "e o sabor é delicioso." Luzes cintilavam naqueles olhos, remetendo ao começo da sua carreira. Na verdade, ele parecia um castelo todo iluminado.

"Você fez tudo que disse que faria", Norman declarou num tributo simples.

"É. Foi uma noite boa." Nenhum dos dois mencionou que ele não dançara. Essa devia ter sido a surpresa que ele prometera.

"Que luta fantástica", Norman disse. "Você vai gostar de ver os filmes."

Ali respirou fundo. "Talvez admitam", falou suavemente, "que agora eu sou o professor do boxe."

A porta do vestiário foi aberta de novo para deixar entrar Belinda Ali. Marido e mulher se olharam em silêncio, como se uma questão de longa data estivesse sendo finalmente resolvida. Os dois se beijaram. O objeto do amor se mostrava, ao menos dessa vez, merecedor do amor. Ali sorriu para ela, um sorriso tão aberto quanto a doçura de seus sentimentos. Havia algo tão terno no olhar de Ali, tão zombeteiro, e tão calmo, que a expressão parecia dizer: "Querida, meu jeito de ser certamente é esquisito para você, e nós dois sabemos que eu sou louco, mas, por favor, acredite quando tento lhe dizer que sou, meu amor, segundo todas as evidências científicas, um sujeito sério." (Ou seria desse modo que Norman falaria se alguma vez tivesse vencido de forma tão completa?)

Belinda então percorreu o recinto para trocar cumprimentos. Fez questão de ir ao encontro de Roy Williams, que ficara na espera durante aquela longa noite sem luta que estava programada para ele. "Quero agradecer a você, Roy, por tudo o que você fez", ela disse. "Não teríamos vencido essa luta se você não tivesse preparado Ali da forma como fez."

"Obrigado", ele disse com prazer, "foi sem dúvida uma boa noite."

"Sinto muito que você não tenha lutado."

"Ah", falou Roy em sua voz profunda, "Ali venceu, e *isso* é o que conta."

Se Norman estivesse preservando seu bom senso jornalístico, agora teria ido ao outro vestiário, mas ele queria discutir a luta com Ali, um raciocínio prático, mas fraco. Outros repórteres estavam entrando para ver o novo Campeão, e tantos já cercavam a mesa de massagem, e Ali falava num tom de voz tão baixo, que não havia mais jeito de recolher nenhuma ração para o moinho literário.

Quando saiu, Norman descobriria, para sua infelicidade, que perdera George Foreman em seu vestiário, uma perda dolorosa, pois Foreman tinha coisas para dizer. Outros repórteres no entanto contaram-lhe tudo, principalmente Plimpton e Bob Ottum da *Sports Illustrated*. Levando em consideração a generosidade essencial dos repórteres uns com os outros, era fácil demais criar procedimentos suspeitos e fazer reportagens com base em um telefonema dado de dentro da banheira. Sim, mesmo em reconstituição, Foreman tinha coisas para dizer. Contudo, que perda não poder sentir a aura maltratada do humor do ex-campeão. Toda ferida traz sua própria revelação.

O vestiário que ele nunca viu tinha paredes vermelhas, e o boxeador depois da luta estava coberto por toalhas de lamê dourado. "Eu preciso derrotar esse cara", Ali dissera certa vez. "Eu o vi em Salt Lake City. Ele estava usando sapatos cor-de-rosa e laranja com plataforma e salto alto. Eu uso botas. Quando vi aquele sapato estiloso, falei pra mim mesmo: 'Eu vou vencer'."

Sim, vermelho e dourado para reis destronados. Foreman estava deitado sob sacos de gelo. De acordo com Plimpton, primeiro ele perguntou a Dick Sadler se tinha sido nocauteado, depois contou de cem para trás por um tempo, 99, 98, para ver se sua mente estava funcionando, e chamou um por um os nomes das vinte pessoas da sua equipe. "Eu me sentia seguro", Foreman disse. "Eu sentia de verdade que estava controlando a luta. Fiquei surpreso quando as pessoas saltaram para dentro do ringue." Ele falava tudo numa voz calma e tranquila. "Eu perdi a contagem", disse ele, "mas não fui nocauteado."

Citemos o relato de Plimpton aqui:

Ele repetiu, por vezes tão lentamente que parecia estar lendo com dificuldade um texto escrito, o que costumava dizer com tamanha frequência nas declarações de vestiário depois de suas vitórias: "Não há nunca um perdedor. Nenhum lutador deveria ser o vencedor. Ambos deveriam ser aplaudidos".

Os repórteres o escutavam com desconforto, sabendo que por fim ele se daria conta de que, pela primeira vez em sua carreira profissional, suas generosas palavras para o perdedor se referiam a si mesmo.

Então Foreman falou de Ali. "Um bom americano", ele disse, "grande cavalheiro. Um homem de família maravilhoso." Os repórteres estavam contando quantas vezes Foreman havia sido golpeado na cabeça durante oito assaltos.

Ele ainda falava como vencedor. Há toda uma insanidade temporária na derrota. Sabemos que existe uma realidade à qual podemos retornar, ao menos as chances são grandes de que ela ainda estará lá, mas a realidade não parece real. Ela é demasiado imaterial. A realidade virou uma teoria introduzida na nossa cabeça por outras pessoas. Não parece tão natural quanto aquilo que sentimos. George Foreman ainda se sentia um Campeão.

Ele tirou a bolsa de gelo do rosto. "Tenho uma declaração a fazer. Eu encontrei hoje a amizade verdadeira", ele disse, "encontrei um amigo verdadeiro em Bill Caplan."

Era o Bill Caplan que derrotava Foreman no pingue-pongue todos os dias. O robusto Bill Caplan, com seu rosto redondo, seus óculos e uma centena de repórteres sempre irritados com ele porque Foreman não cooperava em relação às entrevistas. Com que olhos de judaica compaixão Caplan deve ter contemplado Foreman depois da luta! O próprio pessoal de George não seria tão amável. Pelo padrão negro, derrota é tão ruim quanto doença.

"Eu imagino", disse George, "que o cara não chega realmente a ver o golpe que o derruba. Desconfio de que ele nem saiba o que aconteceu."

Multidões tomavam as ruas na saída do estádio, e negros celebravam ao amanhecer. Era como se não tivessem ousado acalentar muita esperança por Ali antes da luta. No entanto, assim como há homens que só alcançam sua legítima estatura histórica na hora do assassinato, outros o fazem na manhã de sua vitória. Fora do estádio, às seis da manhã, havia uma atmosfera maluca de liberação por todos os cantos nos bulevares e nas ruas secundárias de Kinshasa. Pessoas se embebedavam, pessoas faziam mesuras umas às outras, pessoas estendiam braços e pernas em movimentos longos apropriados a uma quadra de basquete. Esse parecia ser o jeito certo de flutuar pela rua. Havia risos e pessoas acenando para outras a dois quarteirões de distância. Vaias para ele. Um homem branco. Certamente torcedor de Foreman. Sim, o doce espírito da revolução estava de volta, não de todo doce, digamos que era o espírito da mudança, e os leões, as baratas e os filósofos estão todos acordados. Nommo (se lembrarmos bem) é a Palavra, e a palavra está na água, e a vida está no ar. O ar úmido deste amanhecer está cheio do n'golo dos vivos e da sede dos mortos. É uma manhã esquisita.

Sob essas nuvens pesadas, há um amanhecer que não se levanta. A luz faz pensar na palidez da terra durante um eclipse.

Na rua, Norman topa com um companheiro de jogatina que ele conhecera no cassino e os dois discutem se devem ir caminhando até o hotel, mas são mais de treze quilômetros. Acabam pegando um táxi – por iniciativa do amigo. O amigo vê uma prostituta conhecida passando num táxi e a chama e oferece pagar a corrida se ela o compartilhar com eles. Ela é uma prostituta jovem e adorável, com pele de um bronze escuro, corpo sinuoso como trepadeira e uma abundância de cabelos de um bronze escuro nas axilas. Àquela hora ela está apaixonada por Muhammad Ali – ninguém gostaria de trocar de lugar com seu cafetão àquela hora. Ela não vai aparecer de novo em nosso relato, e como, de acordo com o bom padre Tempels, os africanos acreditam que "o nome não é uma simples cortesia externa, é a própria realidade do indivíduo", tratemos de imprimir o pleno valor da realidade que ela escolhe para si – Marcelline. Eles logo a deixam em casa, um casebre com telhado de zinco numa estrada de terra irregular com manchas de óleo, poças tropicais e folhagens mortas. Marcelline foi linda como uma estrela de cinema.

No Inter-Continental, todo mundo está bebendo no amanhecer eterno. No bar e no pátio, as pessoas estão comemorando, as pessoas estão brindando a manhã com champanhe. Ele topa com Jim Brown e não resiste à tentação de perguntar: "Acha que a luta foi arranjada?". Jim Brown arreganha os dentes com pesar, sacode a cabeça. Ele está feliz em se sentir errado. "Cara", ele diz, "nunca errei tão feio em toda a minha vida."

Um por um, os integrantes da turma de Foreman apareceram para falar. Talvez seja a marca de um bom homem que a derrota não deixe mais do que uma boa frase na boca. Henry Clark, após ter perdido sua grande aposta, disse simplesmente: "O melhor lutador venceu". Doc Broadus parecia triste, mas firme. "Foi bom para ele", avaliou. Tio Hayward, tio de Foreman, um negro velho e grandalhão com conexões poderosas e uma imensa pança em forma de tambor que lembrava os clássicos políticos brancos do sul, afirmou em resposta ao pedido de que as pessoas não chamassem George de vagabundo: "Ele merece ser chamado de vagabundo".

Elmo, encontrado no saguão, não dizia uma única palavra. Norman falou afinal: "George pegou o cara na melhor forma".

Elmo assentiu em silêncio. Ele sorriu. "Assimilando", falou. *"Oyê."*

Archie Moore deixou escapar algumas palavras: "Boxe é que nem sílabas. Você aprende uma por uma". Seus olhos ainda emitiam luz. Ele era leal a George, mas Ali era o triunfo de sua própria tradição.

Dick Sadler falou longamente. Se ele era um bom homem, então a derrota estende a fala de alguns. "Não foi o que Muhammad fez", disse Sadler, "foi o que George não fez. Ele não se mexia. Ele não escutava. Eu não sei o que estava acontecendo. George nunca deixa ninguém o segurar. Ele deixou Muhammad. Nós dissemos a ele que Muhammad ia segurar. George sabia antes da luta o que Muhammad ia fazer. Mas ele se perdeu de tanto golpear. George pode golpear o dia todo. Como é que ele se perde de tanto golpear? Eu estou ficando louco. George Foreman, fortão e malvado, conhecido como lutador brutal, que golpeia as pessoas na nuca, golpeia os caras quando estão sentados nas cordas, golpeia quando estão caídos, bombardeia no rim, um lutador malvado e durão, e ele deixa Muhammad segurá-lo. Eu mostrei a ele o que fazer. Se Muhammad está protegendo a cabeça com as luvas, ele está cego, então, George, bate onde ele não enxerga. Se as luvas estão lá embaixo protegendo a barriga, faz ele ouvir na orelha. Distrai com a esquerda, George, e dá nele com a direita. Ele não fazia, ele não conseguia."

"Talvez Ali seja diferente de outros lutadores." Norman ficou tentado a passar sua ideia de que aquela tinha sido a primeira grande luta que se assemelhava seriamente ao xadrez. Essas comparações não passavam de fantasias sentimentais, e aquele não era o momento certo. Mas mesmo assim!

Foi uma sorte que ele tenha mantido a boca fechada, pois Sadler comentou a seguir: "Eu me sinto tão incapaz de explicar a luta quanto você. Preciso pensar a respeito".

Uma menina de seis anos desceu para o café da manhã tão cedo quanto possível, passou pelos dois, e Sadler foi abraçá-la. *"Bonjour, ma petite"*, ele disse, *"Bonjour."*

A conversa ainda o incomodava, no entanto. Ele voltou até Norman e disse: "Eu não tenho a resposta".

Então a estação chuvosa, com atraso de duas semanas e repleta do frenesi de várias atmosferas africanas e várias tribos desconhecidas, acertou afinal as contas com as águas do cosmo e os gemidos do Congo. A estação chuvosa irrompeu, e as estrelas do firmamento africano despencaram. Na torrente, naquele longo e demorado amanhecer, a chuva caiu em lençóis prateados e cobertores prateados, cachoeiras e rios, em lagos que caíam como uma pedra lá do alto, e com estrépitos de contato mais altos do que a deflagração do fogo numa floresta. Caiu a cântaros, uma chuva tropical saída diretamente do coração das alturas. Norman não via uma chuva tão forte fazia trinta anos, desde o dia em que havia sentado sob uma barraquinha nas Filipinas.

Posteriormente ele tomou conhecimento das coisas que a tempestade fizera com o estádio. Ela se derramou sobre os assentos e se derramou pelos corredores, fluiu em cascatas de selva e se precipitou pelas escadarias e pelas entradas estreitas, inundou o campo de futebol e correu por baixo do ringue, carregando como mensagem a comida e o lixo das sessenta mil almas que estiveram sentadas nas arquibancadas. O vestiário de Foreman era uma piscina escura com toalhas usadas flutuando em trinta centímetros de água, garotos rondavam o estádio ao fim do dilúvio. Cascas de laranja e ingressos da luta se acumularam sob a lona, e baterias ficaram encharcadas, geradores pifaram. Metade das máquinas de telex parou de funcionar na tempestade, e o satélite deixou de enviar imagens ou palavras. Que desastre se a tempestade tivesse chegado com a luta em andamento.

Ali riria no dia seguinte, propondo levar o crédito por ter contido a chuva.

17. Uma nova arena

No dia seguinte (que é o mesmo dia, mas depois de dormir das nove ao meio-dia), Norman almoçou e decidiu ir até Nsele uma última vez para se despedir de Ali. No caminho, pensou numa conversa que gostaria de ter com o pugilista, e ficou imaginando se não seria fácil, depois de tudo dito, explicar a Ali como a luta não apenas era uma revolução no boxe (algo com que Ali certamente concordaria), mas também tinha uma contrapartida no xadrez moderno.

Uma vez que Norman nunca hesitava em servir como agente matrimonial no acasalamento de ideias grandiosas, sempre propenso a oferecer metáforas gigantescas sem construir base sólidas, naqueles dias ele tentava ser cauteloso. Um escritor faz bem em cuidar de seu vício. Mesmo assim, a nova ideia lhe agradava. No xadrez, nenhum conceito se mostrara outrora mais profundamente estabelecido do que o controle do centro, e pela mesma razão do boxe – isso dava mobilidade para ataques à esquerda ou à direita. Depois chegou ao xadrez uma revolução, e novos mestres argumentavam que, quando ocupávamos o centro cedo demais, acabavam sendo criadas tanto fraquezas como forças. Era melhor invadir o centro depois que o adversário já estivesse comprometido. É claro que, com essa estratégia, você precisava ser engenhoso num espaço apertado. O brilhantismo tático era essencial em cada jogada. Não era exatamente isso o que Ali realizara? Era de se duvidar, no entanto, que muitos jogos de xadrez já disputados tivessem igualado em oportunismo a ocupação do centro do ringue promovida por Ali.

Depois de se impressionar, na juventude, com as obras de Karl Marx e Oswald Spengler, Norman adorava formulações germânicas. Anos atrás, poderia ter escrito: "Há profundas relações históricas entre a renúncia do centro por Nimzovitch e Réti (com a subsequente inspiração exercida sobre as escolas do xadrez Hipermoderno e Dinâmico) e as técnicas pugilísticas do peso-pesado norte-americano Muhammad Ali, que introduziu no boxe a transposição modal do Ativo para o Passivo demandada pelo *geist* tecnorrevolucionário das últimas décadas do século XX, tão essencial à liberação da mulher, uma inversão de polaridade nas estabelecidas estruturas de poder que se transforma na assinatura tecnológica e/ou mística do século", sim, seu estilo melhorou um pouco, mas fica evidente, por seu amor à filosofia africana, que Norman ainda acredita que a história é um organismo e revela um senso de estilo, um divino traço da pena para cada era. Não é nem mesmo difícil de descrever, mas é difícil dizer sem ser guilhotinado pelos críticos (os quais, enquanto corpo de funcionários, parecem nunca ter avançado além do simples e inspirador amor à razão – e do gosto pelo sangue fresco – da Revolução Francesa).

Chega! Procuremos Ali. Norman, é claro, não estabelece com ele uma conversa sobre xadrez. Eles dificilmente ficariam sozinhos. Se ficassem, Ali teria pouco interesse. Sua mente está ligada a suas próprias ideias.

Lá está o novo campeão, concedendo uma entrevista coletiva para uma centena de repórteres e profissionais de imprensa africanos, que se reúnem em torno dele com a solenidade e o respeito que outrora poderiam ter devotado a Gandhi. São três da tarde, não se passaram nem dez horas desde a vitória, e ele provavelmente não dormiu nem metade desse tempo – não obstante, sua língua é infatigável e ele precisa falar sobre cinquenta assuntos, contando à imprensa do Terceiro Mundo no breve trecho testemunhado por Norman como "os vestidos longos das mulheres de vocês me impressionam mais do que os seus aviões a jato e o seu monumento a Lumumba". Pouco depois ele os elogia por terem adotado nomes africanos. "Por ocasião de sua investidura", escreve o padre Tempels, o chefe "recebe um [novo] nome [...] Seu antigo nome não pode ser mais pronunciado, pois que, se o pronunciar, sua nova força vital poderá ser prejudicada." Muhammad Ali, nascido Cassius Clay, sabia do que se tratava e falou da emergência dos povos e das disciplinas da vitória e da necessidade de objetivos fora da vaidade do eu. "Essas coisas George Foreman não reconheceu", ele entoou. "Mas sei que derrotar George Foreman e conquistar o mundo com meus punhos não traz liberdade ao meu povo. Estou bastante ciente de que devo ir além de tudo isso e me preparar para mais. Eu sei", disse Muhammad Ali, "que entro em uma nova arena."

Meu Deus! Tudo! Ele partiria em busca de tudo. E por que não, considerando-se o ritmo crescente com o qual ele dominava por inteiro qualquer coisa que lhe dessem? Norman estava pensando na primeira vez em que falou com ele, numa mesa de dados no cassino The Dunes, Cassius Clay em Vegas no verão de 1963, um lutador jovem, magro e nervoso, com um currículo invicto e um medo mortal de Sonny Liston, com quem ele logo ia se deparar. O garoto ficou descontente com o reconhecimento parcial do nome. "Norm Mailer, ouvi falar de você. Você trabalha no cinema ou algo assim" – o garoto não gostava de se sentir inseguro –, e depois, lançando os dados, tão ignorante quanto ao jogo que mal conseguia saber quando ganhava, mas mesmo assim tão sortudo quanto o veio corrente de sua fortuna, Cassius reclamou quando lhe passaram fichas do cassino depois de um lance vencedor. "O que são esses troços?", ele gritou.

"Fichas."

"Não me vem com isso daí!", berrou. "Me dá mais daqueles dólares de prata!" Apenas mais um grosseirão maluco de Louisville. Agora ele estava entrando em uma nova arena. "Aquele que não é suficientemente corajoso para correr riscos não conquistará nada na vida", declarou aos representantes da mídia negra. "É por isso que eu amo e respeito a África. É a terra dos riscos e" – ficou procurando a palavra – "da dedicação. As pessoas têm respeito, mas mesmo assim enfrentam as novas noções com bravura. Elas são a força do futuro." Com que enorme ansiedade Ali entendeu o seu papel no mundo confrontado com a consciência íntima de sua própria ignorância.

Mais tarde, ele e Budd Schulberg ficaram a sós com Ali por alguns minutos e começaram a entabular uma boa conversa sobre a luta. Ali estava se preparando para entrar em detalhes. Desfrutava do grande prazer de analisar sua própria luta. "George, vejam bem", ele disse, "tem um problema de respiração." Mas eles foram interrompidos. John Daly e um grupo de amigos haviam chegado para ver Ali. No mais alegre dos espíritos, Ali logo passou a encantar as damas. "Ah", falou em resposta a uma indagação, "minha mãe nunca se preocupa. Eu poderia estar sendo morto no ringue, mesmo assim ela não ia se preocupar. 'Meu bebê está bem', ela diria." E ele piscou para Tom Daly, o pai de John Daly, com suas trezentas lutas, a quem acabara de ser apresentado. O telefone tocou. Era um repórter de Nova York, e Ali conversou com ele e fez caretas para seus convidados. "Sim, vou descansar por alguns meses e deixar que vocês me vejam como o Campeão e ele como o bobalhão." Risos das pessoas próximas. "Não, não tenho planos. Estão falando em me dar dez milhões de dólares" – um olhar direto para John Daly –"mas isso é mais pra frente. Não, não tenho planos de visitar a Casa Branca. Vou visitar a Casa Negra aqui mesmo e conversar com o presidente do Zaire de novo e pegar o meu gorila de estimação, e levar o meu pequeno Joe Frazier pra casa." Ele esperou os risos e a pergunta seguinte. "Você está perguntando se fiquei feliz em recuperar o título na África, que é o lar dos meus ancestrais? Sim, fiquei feliz, é uma sensação boa, mas não quer dizer grande coisa. Eu preferia ter vencido no Madison Square Garden, porque é lá que estão os verdadeiros descrentes, essa é a verdadeira plateia de boxe."

Mais tarde, depois da saída dos visitantes e com a noitinha caindo sobre o Congo, Ali saiu para uma breve caminhada, mas foi seguido por tantos negros que aguardavam do lado de fora da vila para vê-lo que logo voltou. O machucado vermelho em sua bochecha tinha sumido e não se viam marcas em seu rosto. O único sinal de que estivera numa luta era o modo como ele se movimentava, com uma cautela muito especial, como um homem que sofreu um acidente e ainda não sabe onde as dores vão aparecer. Ele tinha apanhado feio na lateral do corpo e no alto dos rins. Na privacidade de seu banheiro, sem dúvida ia estremecer e urinar sangue. Esse é o preço cobrado por muitas lutas.

Era um orgulho dele, é claro, não mostrar nada disso. Sentindo-se bem, sua felicidade era não deixar de oferecer felicidade. Então ele se deteve na porta de sua vila, como se quisesse dar aos africanos ali fora uma recompensa mais adequada pelo tempo que haviam aguardado, e rugiu: "Eu acabo com qualquer um que vocês tiverem. Me tragam o seu melhor. Eu enfrento seu melhor lutador".

Os negros magros riram. Aqueles que entendiam um pouco de inglês riram imediatamente, e os outros foram entrando na onda do riso conforme as palavras eram traduzidas.

"Não me tragam ninguém que não seja o melhor", Ali disse.

Um menino de doze anos se aproximou e começou a dar socos no ar a um metro e meio dele. "Você acha que tem chance, é?", Ali disse. "Você está em apuros. Você está num grande apuro." Ele começou a trocar golpes com o menino, que era rápido e entendia um pouco de boxe, e Ali lentamente caiu de joelhos e gritou: "Sou eu que tô em apuros! Ele é demais pra mim".

Gargalhada geral. Ali se levantou e disse ao menino: "Você me surrou hoje, mas tome cuidado. Eu vou voltar pra casa e treinar, e aí vou voltar e vou dar uma surra em você." Ele saudou a plateia e voltou para dentro.

Mais uma vez era hora de partir e dar adeus e se preparar para deixar a África. Norman se despediu de

Ali e Belinda e deu uma última olhada em Ali, estirado no sofá de veludo verde, pés descalços sobre a mesinha de centro, enquanto Belinda, sentada na frente dele, ria por sua vez e fazia cócegas nas solas de seus famosos pés voadores com uma pequena coçadeira de marfim. Adeus a Ali.

Dirigindo de volta ao hotel pela última vez, Norman passou por diversos grupos de garotos que corriam no acostamento da estrada. Ele não sabia se era um fenômeno completamente novo, mas viu pelotões e mais pelotões de adolescentes nas estradas escuras, e a certa altura quase atropelou alguns que haviam aparecido muito subitamente sob as luzes. Na noite em que ele correu com Ali – cinco noites atrás, será? –, Ali disse depois: "Vai ser uma grande experiência, pra você, lembrar que correu com o Campeão poucos dias antes da luta", e a observação lhe pareceu particularmente forçada na ocasião, mas era bem possível, agora ele reconhecia, que Ali tivesse razão mais uma vez – Norman já estava começando a pensar naquela noite com carinho.

18. Bagarre à Dakar*

Houve problemas na volta para casa. Eles surgiriam em Dakar, onde uma turba, convencida de que Muhammad Ali estava a bordo, invadiria as pistas do aeroporto e cercaria o avião. Na partida em Kinshasa, no entanto, não houve nada nesse sentido. Houve ao contrário, um alívio. Haviam corrido rumores de que Ali e sua equipe iriam naquele voo. Foi bom constatar, no balcão da companhia aérea, que ainda havia um assento na primeira classe. Uma dádiva nada pequena. Ficar entalado no meio de três assentos de classe econômica no voo de dezenove horas entre Kinshasa e Nova York, com paradas em Lagos, Acra, Monróvia e Dakar, só podia ser uma das íntimas insinuações que a vida oferece quanto ao sofrimento após a morte. Era um dos voos mais longos ainda existentes no mundo, e às vezes um dos piores. Mesmo assim, Norman gostou da viagem. Uma parcela da vida africana, legal ou ilegal, parecia se revezar a bordo do avião: caçadores e contrabandistas, engenheiros e chefes tribais, bebês negros e um misterioso branco de terno preto, camisa branca e gravata preta que viajou na primeira classe com uma bolsa preta de couro no assento vago ao lado. O assento tinha sido comprado para a bolsa e era o único assento vago no

---

* Em francês, tumulto em Dakar. (N.E.)

compartimento. Quem, na primeira classe, conseguiria tirar os olhos daquela bolsa preta? Mais tarde viria à tona que o dono era um Mensageiro do Rei, e, quando um oficial britânico o recebeu para escoltá-lo na saída do avião, o homem de terno preto exclamou em alta e sofisticada voz inglesa: "Graças a Deus, você chegou na hora". Será que o conteúdo era material nuclear ou segredos de Estado? Será que eles eram bandidos disfarçados e a verdadeira mercadoria era uma carga de diamantes? Aquele era o único voo conhecido por Norman no qual qualquer noite rotineira poderia oferecer o impacto visual de um filme de Hitchcock.

Além disso, havia tempo para pensar. Horas para pensar e horas para ler. O tédio de um longo voo poderia se virar do avesso de novo, e o tédio poderia dar lugar à epifania. Ele teve algumas na viagem de volta. Os acontecimentos da semana alargaram o espaço que ele lhes reservara em seu cérebro, e ele percebeu que poderia muito bem encarar, finalmente, algo que desejara evitar desde o começo – o que pensar sobre Ali e os muçulmanos. Norman ficara esperando implicitamente por alguma evidência de que Ali não fosse um muçulmano negro, de que no fundo não fosse, e isso era absurdo. Já era tempo de reconhecer que ser um muçulmano negro talvez fosse o âmago da existência de Ali e o centro de sua força. O que fazer em relação a isso? Então ele se voltou para a transcrição de um discurso proferido por Louis Farrakhan, representante nacional do Honrado Elijah Muhammad, para uma plateia de mais de 100 mil negros no Dia da Família Negra, 27 de maio, na primavera do mesmo ano em que, no outono, Ali lutaria contra Foreman. Norman ouvira uma gravação do discurso certa vez, tarde da noite, e, como era um discurso com uma hora de duração, adormecera em seguida – na manhã seguinte, pouco se lembrava dele, mais como uma persuasiva e contundente peça de oratória do que por seu conteúdo. Portanto, pensou em mandar fazer uma transcrição.

A transcrição era o que ele, então, estava estudando. Era tudo muito claro. Quando terminou, achou que talvez tivesse aprendido um pouco mais sobre Ali.

> [...] todas as lideranças negras que surgiram nos últimos dez anos morreram. E um grande líder com um grande grupo emerge agora no cenário negro para ser contemplado por toda a América negra. E esse líder [...] é o Honrado Elijah Muhammad.

Louis Farrakhan falou do povo negro como uma família que precisa cuidar de si mesma. Os negros precisavam se precaver contra os esforços do homem branco em jogá-los uns contra os outros, ele disse. Louis Farrakhan começou a listar alguns mártires negros. Primeiro foi Marcus Garvey, depois Adam Clayton Powell. Podemos muito bem pegar um trecho inteiro do discurso. Não é difícil de ler:

> Adam Clayton Powell não disse a vocês que ele era Jesus. Ele disse que era um amigo de vocês e que desejava fazer coisas boas pelo povo negro. Mas uma vez que nos isolaram de Adam Clayton Powell [...] eles o castraram enquanto ficávamos de braços cruzados, só olhando. E foi só depois da morte de Adam Clayton Powell que vocês e eu dissemos, sabem de uma coisa, Clayton Powell foi

sem dúvida um grande homem. Como é possível que não reconheçamos a grandeza dos homens enquanto eles estão vivos? Como é possível que tenhamos de esperar até que um homem morra e desapareça para reconhecer o tipo de homem que ele era?

Ah, meus amados irmãos e irmãs negros, eu rogo a vocês que raciocinem. Pensem em Huey Newton e Eldridge Cleaver. Muitos de vocês adoravam a filosofia dos Panteras. Vocês adoravam ver um jovem irmão negro se levantar e desafiar o sistema. Eles eram belos irmãos. Belos homens que queriam a libertação do povo negro. Mas o Branquelo se infiltrou mais uma vez no movimento dos Panteras e, enquanto muitos dos irmãos e irmãs diziam "Isso aí, isso aí, *baby*! Isso aí!", no meio da turma havia um agente do governo dos Estados Unidos planejando a destruição do partido dos Panteras. Vocês puderam ver como eles botaram Huey e Eldridge um contra o outro, racharam o movimento ao meio e então o desmancharam. E agora eles podem falar sobre o partido dos Panteras, porque o destruíram. Agora eles podem falar sobre o CORE* e a SNCC** porque os destruíram. Agora eles podem falar sobre Rap Brown porque o meu belo irmão negro está na prisão. Agora eles podem falar sobre Stokely Carmichael porque Stokely sumiu. Mas, ah, existe um negro na América que está no jogo faz quarenta anos, existe um negro na América que o tempo não destruiu. Existe um negro na América que estava aqui nos anos 30, estava nos 40,

---

* Congress of Racial Equality. (N.T.)

** Student Nonviolent Coordinating Committee. (N.T.)

estava nos 50, estava nos 60, e agora, nos 70, Elijah Muhammad continua no jogo e continua jogando com força. [Aplausos estrondosos] [...]

O que fez com que Elijah Muhammad sobrevivesse? O que permitiu que Elijah Muhammad manobrasse por entre montanhas de ódio e propaganda? Vocês não se lembram de quando diziam que nós pregávamos o ódio? Vocês não se lembram de quando diziam que nós éramos violentos? Vocês não se lembram de quando diziam que nós éramos antibrancos e anticristãos? E não se lembram de quando vocês não queriam ter nada a ver com os muçulmanos? Não se lembram? Não se lembram do tempo em que nem mortos vocês seriam apanhados com algo dado por um muçulmano? Não se lembram? Ah, não finjam que não se lembram! Porque não faz tanto tempo assim! Poucos anos atrás. Sentados aqui na minha frente há embaixadores das Nações Unidas. Sentados aqui na minha frente há eruditos e cientistas, pessoas instruídas que jamais chegariam perto de Elijah Muhammad! Eu pergunto, o que foi que provocou a mudança em vocês? O que fez com que vocês viessem aqui nesta tarde? É porque Elijah Muhammad guiou habilmente seus seguidores pelo labirinto da confusão e da propaganda, Elijah Muhammad, com sabedoria, nunca pegou numa arma. Ele disse a seus seguidores: nunca levem consigo nem mesmo um canivete. Ele falou: façam como lhes digo e vocês terão sucesso. Elijah Muhammad tirou de nossos braços a agulha da droga. Elijah Muhammad tirou de nossas mãos a garrafa de vinho. Elijah Muhammad nos fez parar de jogar nosso dinheiro fora em corridas de cavalo e jogatina. E ele nos disse: junte esse dinheiro, irmão. Junte esse dinheiro, irmã. E façamos coisas construtivas. Portanto, agora que todos os outros grupos e organizações negros foram destruídos pelo poder branco, pelo engodo branco, pela chicana branca vinda de Washington D.C., agora restou um único líder, restou um único grupo. E esse único líder e esse único grupo representam a esperança do negro americano.

Louis Farrakhan não mencionava, é claro, nem Malcolm X nem Martin Luther King. Os muçulmanos negros estavam longe de terem todos se acertado. Não obstante, que poder emergira na América Negra! Havia muito eles eram a principal força nas prisões, e mesmo assim ainda poderiam ser a maior força civil nas relações negras com a América – adeus à NAACP.* Talvez a mente de Ali não tivesse sido construída sobre caprichos e contradições como Norman pensara por tanto tempo, e sim sobre os firmes princípios de uma ideia coletiva.

Se era uma ideia que ainda poderia prevalecer, e, tendo prevalecido, traria mais benefícios do que danos, quem poderia sequer começar a avaliar? Os fatores se empurravam uns aos outros como cartas num jogo de pôquer. Norman continuava marxista o bastante para pensar que o movimento dos muçulmanos negros era, em primeiríssimo lugar, uma ofensiva histórica para forjar para os negros americanos sua própria classe média. "Um negro", Farrakhan disse, "que só sabe fazer um filho, mas não sabe como proteger essa criança, que não quer

---

* National Association for the Advancement of Colored People. (N.T.)

alimentar e dar segurança a essa criança, é um inimigo da ascensão do negro. [...] Até que vocês e eu aprendamos a amar nossos filhos o bastante para querer protegê-los com nosso próprio sangue, jamais poderemos ser respeitados como povo. [...] Até que o negro aprenda a tirar sua boca da cozinha do branco, nunca seremos livres. [...] Precisamos nos alimentar [...], nos vestir [...], nos abrigar." Uma de suas frases poderia ter servido, 150 anos antes, como futuro credo da burguesia – "O casamento da riqueza com a sabedoria resulta em poder".

Caso fossem incentivados em seus objetivos pelo establishment, os muçulmanos negros dariam aos negros sua parcela de remuneração da classe média dos brancos, incluindo o senso de ordem dos brancos. A contradição era que os muçulmanos ainda poderiam cair, quisessem ou não, numa vanguarda revolucionária. Sobretudo se fossem rejeitados. Além disso, seu movimento não estava livre de várias alianças complexas com o mundo árabe. Que caldeirão imprevisível. Nenhum cenário seria surrealista demais em matéria de fervura. Tentemos espiar Ali levando a paz ao Oriente Médio: "Meus queridos colegas árabes e meus velhos amigos judeus", podemos ouvir Ali dizendo. O Kissinger negro.

Não, Norman tinha uma desconfortável intuição de que, mais cedo ou mais tarde, sua admiração por Ali poderia se transformar no respeito sentido por um inimigo poderoso e dedicado. Nenhuma curva era sinuosa demais para os truques da história, e nenhuma dimensão era necessariamente pequena demais para o futuro crescimento de Muhammad Ali. Haviam conferido a ele, afinal de contas, um nome de grande peso. O Ali original foi o filho adotado do profeta Maomé. Agora um Maomé Ali moderno poderia virar o líder de seu povo. Muhammad Ali fazia bem acreditando em predestinação e se submetendo à vontade de Deus.

Os pensamentos de Norman estavam dispersos demais, e ele estava cheio de champanhe, tormento, recordações prazerosas e falta de sono. Ele dormiu. De seus sonhos, não guardou lembrança. Quando acordou, foi sob o tom sulista do piloto dizendo pelos alto-falantes que desejava garantir aos passageiros da Pan American que não haveria quaisquer problemas em Dakar, mas só por via das dúvidas, "porque, pessoal, não sei de onde tiraram a ideia, era só um boato em Kinshasa, mas a boa gente de Dakar está convencida de que o Campeão dos Pesos-Pesados está no avião, e eles querem ver Muhammad Ali em pessoa, então tem alguns milhares lá no aeroporto agora. É uma hora da manhã em Dakar, mas lá na pista o pessoal tem certeza de que ele está com a gente a bordo. Nós vamos descer numa das pistas secundárias e aí talvez consigamos desembarcar os passageiros que ficam e pegar os novos por meio do ônibus do aeroporto. Em todo caso, pedimos desculpas pelo atraso".

Contudo, quando desembarcaram naquele lugar secreto e distante, no limite do aeroporto, o segredo tinha sido descoberto. Enquanto taxiavam, já se podia ver centenas de pessoas correndo em direção ao avião. O piloto desligou as luzes, deu carga nos motores e o avião se arrastou pelo aeroporto rumo a outra pista. Outras pessoas vinham correndo. O piloto cortou os motores. "Pessoal", ele disse, "fomos orientados a parar por um tempo. Se continuarmos taxiando, alguém pode se machucar. Então vamos ficar aqui um tempinho. Tudo vai ficar bem."

Num piscar de olhos, o avião foi cercado. Era uma situação das mais peculiares. Carros de polícia com luzes piscantes vermelhas no teto e carros de polícia com luzes piscantes azuis rodavam devagar por entre a multidão, os desenhos de luz vermelha e azul lampejavam em espirais e curvas em S sob as asas, e caminhões de bombeiros se aproximaram e lançaram jatos de água na multidão. E o avião também ficou todo molhado. Gotas escorriam pelas janelas. Pousado, com todas as portas fechadas, o interior do avião estava ficando muito quente. Os carros da polícia haviam desistido. O avião estava na extremidade de uma pista, cercado por quase mil pessoas, e todos os holofotes do aeroporto incidiam sobre elas. Agora o avião não podia ligar seus motores sem incinerar uma parte da população de Dakar.

Mais pessoas continuavam saindo do terminal na direção do avião, jorrando pelas intermináveis extensões de asfalto do aeroporto. Carros com alto-falantes se aproximavam para lhes dirigir a palavra e depois iam embora. Então um ônibus de passageiros chegou, estacionou e esperou. Lá fora, a multidão se alternava entre um rumor e outro. Indivíduos se separavam e saíam correndo quando viaturas ligavam seus motores. Às vezes, como um elefante se debatendo no sono, a multidão se deslocava por alguns metros nessa ou naquela direção, como se um dos rumores tivesse passado por entre suas pernas.

"Eu acho", disse a voz do piloto, "que chegamos a um modus vivendi. As pessoas lá fora não acreditam quando afirmamos que Muhammad Ali não está a bordo. Então concordamos em deixar uma delegação entrar e revistar o avião. Eles não vão incomodar ninguém, e isso poderá nos permitir seguir em frente. A propósito, vamos desembarcar todos os passageiros que ficam e receber os novos logo após a visita da delegação."

Os passageiros deram vivas. As aeromoças trouxeram bebidas, um recurso de emergência.

Então veio a delegação. Era uma razoável amostragem da multidão, oficiais uniformizados, funcionários do aeroporto, trabalhadores, uma mulher, um facínora, talvez doze negros na delegação. Eles começaram na classe econômica, olhando embaixo dos assentos e nos banheiros, e, no momento em que chegaram à frente do avião, já estavam quase pesarosamente convencidos de que talvez o Campeão dos Pesos-Pesados não estivesse a bordo. Na primeira classe, Bob Goodman, um relações-públicas da luta, pôs alguns travesseiros na barriga e os cobriu com um cobertor vermelho. "Muhammad Ali está escondido aqui", ele sussurrou para a delegação, e a visão de seu rosto rosado e redondo deleitou os dois primeiros representantes negros que vieram pelo corredor, e eles fizeram um grande teatro espiando delicadamente sob o cobertor e começaram a rir.

Depois que a delegação partiu, os passageiros que ficavam em Dakar desceram, e novos passageiros com destino a Nova York entraram, todos atravessando um corredor de policiais ao pé das escadas móveis que subiam até a porta do avião. Anúncios quanto à busca frustrada da delegação eram feitos periodicamente pelos alto-falantes, e uma parte da multidão começou a ir embora. Um número considerável permaneceu. Eles haviam sido enganados demais nos últimos vinte anos, e nos últimos dois mil anos, para acreditar numa delegação. Eles sabiam que Muhammad Ali estava no avião.

Uma aeromoça saiu na plataforma no alto da escada móvel e começou a falar em francês com a multidão. "Seria um orgulho, para nós, tê-lo aqui", ela disse com um megafone elétrico. "Gostaríamos que ele estivesse a bordo. Mas ele não está a bordo. *Je vous jure. Muhammad Ali n'est pas sur l'avion."*

A multidão a encarava. As pessoas mal se mexiam. Ela era alta e magra, com um rosto americano por excelência, honesto, de boas feições, forte, ligeiramente mesquinho, e ela nunca teria pressa em revelar algum senso de humor para estranhos. A multidão a escutava com desconfiança. Ela era uma representante dos poderes da falsidade branca oficializada. Vaias foram dirigidas a ela, mas não muitas. Os ouvidos negros esperavam a revelação do caráter americano, captável nas vogais e consoantes de seu francês. Além disso, ela era o único ator restante.

Norman saíra para pegar um ar na plataforma no alto da escada. Como ali fora estava ainda mais quente do que na cabine e cheirava a combustível velho e escapamento de jato, ele ficou apenas para ouvir a garota. Ela olhou para ele e deu de ombros. "Não parece estar funcionando", disse, contemplando os rostos expectantes lá embaixo.

"Posso fazer uma sugestão?"

"Por favor."

"Diga que, acreditando ou não, eles devem saber que o campeão do mundo, Muhammad Ali, jamais se esconderia de seu próprio povo num banheiro."

"Isso é bom", disse a aeromoça. "Isso pode funcionar. Como se diz banheiro?"

"Tente lavabo."

"Lavabo. Lavabo." Ela pegou o megafone e transmitiu a ideia dele, trabalhando galantemente o francês. Ele ficou escutando por um tempo. *"Muhammad Ali ne veut pas cacher dans la lavabo"*, disse a garota. *"Il est trop grande pour cela. Un homme trop large pour avoir peur.*

La champion du monde qui avait le courage de battre avec George Foreman ne cache pas dans un lavabo quand il y a opportunité pour dire bonjour à son peuple. Il vous aime. Vous êtes son peuple." *

Não, nada de mais parecia estar acontecendo. Havia um ar de desapontamento mortal na multidão. A noite prometera muito, e agora eles estavam molhados com o próprio suor e com a água da mangueira dos bombeiros. Depois de um tempo, Norman voltou para dentro do avião.

Alguns minutos depois ele viu que a multidão estava, de fato, começando a se dispersar. Passado mais um quarto de hora, a aeromoça entrou e a escada foi retirada, a porta do avião foi fechada, os motores foram acionados. Animadamente, o capitão gritou pelo sistema de som para as aeromoças: "Sentadas, garotas, vamos nessa".

Eles taxiaram e decolaram. De volta ao ar, a aeromoça que usara o megafone se aproximou e disse que, a seu ver, a ideia dele ajudara. Ele ficou satisfeito a ponto de perguntar o nome dela e explicar que era escritor e que gostaria de incluir aquele episódio em sua obra. Ela retrucou: "Acho que preciso pedir permissão ao capitão". Dali a pouco, retornou e disse: "Ele falou que não tem problema eu lhe contar. Meu nome é Gail Toes. Sra. Richard Toes de Schenectady, Nova York. Toes**

---

* "Muhammad Ali não quer se esconder no lavabo. Ele é grande demais para isso. Um homem grande demais para ter medo. O campeão do mundo que teve a coragem de lutar com George Foreman não se esconde num lavabo quando há oportunidade de dizer olá para seu povo. Ele ama vocês. Vocês são o povo dele." (N.T.)

** Dedos do pé. (N.T.)

como nos pés", acrescentou com um leve retesamento do diafragma, como se o marido talvez não imaginasse o quanto era preciso amá-lo para usar aquele nome. Uma das outras aeromoças, passando por eles naquele momento, parou e disse a ela: "Gail, fiquei tão orgulhosa de você. Seu francês está ficando superbom".

"Bem, a gente precisa se dedicar a algo", disse Gail Toes. Ela passava muito tempo em longas escalas em lugares da África que mal conhecia, explicou, e assim estudava francês.

Um pouco mais tarde, nas alturas, sobre o Atlântico, com as luzes apagadas e a maioria dos passageiros dormindo, Norman disputou um jogo com as aeromoças no compartimento delas, na frente do avião. Era algo com cinco dados e muitos modos de contar os bônus, e ele não se saiu muito bem e perdeu por milhares de pontos, para grande divertimento delas. Finalmente ele voltou para seu assento e dormiu por algumas horas antes de tocarem o solo em Nova York, e não se lembrou do jogo até algumas semanas depois, quando, pensando nele, enviou a cada uma das garotas um exemplar autografado da edição em brochura de *Marilyn*, expressando a esperança de que considerassem sua capacidade como escritor um pouco maior do que seu talento com os dados.

19. Sortudo, o triplo perdedor

Vocês gostariam de algo com mais cara de final? Aqui vai uma história africana. Um chefe tribal emprestou uma ovelha para um amigo do padre Tempels. Certa manhã, a ovelha foi encontrada morta. Um cão pertencente ao amigo foi encontrado comendo-a. Não havia evidências de que o cão tivesse matado a ovelha, e na verdade ela provavelmente morrera durante o sono. Mesmo assim, o amigo, cujo nome era Kapundwe, e que também era um chefe, tratou de indenizar o primeiro chefe. O animal, afinal de contas, estava sob seus cuidados. Dessa forma, ele devolveu não apenas uma ovelha, mas três, e acrescentou cem francos. Essa grande indenização procurava compensar adequadamente o primeiro chefe por seu sentimento de que sofrera algo mais do que a mera perda de um animal. O chocante desaparecimento de sua ovelha perturbara sua força vital. "Seu pacífico prazer de viver" tinha sido "ferido". O pagamento, portanto, pretendia reconhecer seus direitos naturais a uma "restauração do ser". Ambos os chefes entenderam perfeitamente a transação.

Estamos falando da economia do estado de espírito. Talvez ela seja a única economia no jogo de forças entre os que estão vivos e os que estão mortos. Claro, dificilmente teremos certeza disso até que um africano se torne imperador da Lua.

Coleção **L&PM** POCKET (Lançamentos mais recentes)

1145. **Mandela** – Elleke Boehmer
1146. **Retrato do artista quando jovem** – James Joyce
1147. **Zadig ou o destino** – Voltaire
1148. **O contrato social (Mangá)** – J.-J. Rousseau
1149. **Garfield fenomenal** – Jim Davis
1150. **A queda da América** – Allen Ginsberg
1151. **Música na noite & outros ensaios** – Aldous Huxley
1152. **Poesias inéditas & Poemas dramáticos** – Fernando Pessoa
1153. **Peanuts: Felicidade é...** – Charles M. Schulz
1154. **Mate-me por favor** – Legs McNeil e Gillian McCain
1155. **Assassinato no Expresso Oriente** – Agatha Christie
1156. **Um punhado de centeio** – Agatha Christie
1157. **A interpretação dos sonhos (Mangá)** – Freud
1158. **Peanuts: Você não entende o sentido da vida** – Charles M. Schulz
1159. **A dinastia Rothschild** – Herbert R. Lottman
1160. **A Mansão Hollow** – Agatha Christie
1161. **Nas montanhas da loucura** – H.P. Lovecraft
1162. (28). **Napoleão Bonaparte** – Pascale Fautrier
1163. **Um corpo na biblioteca** – Agatha Christie
1164. **Inovação** – Mark Dodgson e David Gann
1165. **O que toda mulher deve saber sobre os homens: a afetividade masculina** – Walter Riso
1166. **O amor não no ar** – Mauricio de Sousa
1167. **Testemunha de acusação & outras histórias** – Agatha Christie
1168. **Etiqueta de bolso** – Celia Ribeiro
1169. **Poesia reunida (volume 3)** – Affonso Romano de Sant'Anna
1170. **Emma** – Jane Austen
1171. **Que seja um segredo** – Ana Miranda
1172. **Garfield sem apetite** – Jim Davis
1173. **Garfield: Foi mal...** – Jim Davis
1174. **Os irmãos Karamázov (Mangá)** – Dostoiévski
1175. **O Pequeno Príncipe** – Antoine de Saint-Exupéry
1176. **Peanuts: Ninguém mais tem o espírito aventureiro** – Charles M. Schulz
1177. **Assim falou Zaratustra** – Nietzsche
1178. **Morte no Nilo** – Agatha Christie
1179. **Ê, soneca boa** – Mauricio de Sousa
1180. **Garfield a todo o vapor** – Jim Davis
1181. **Em busca do tempo perdido (Mangá)** – Proust
1182. **Cai o pano: o último caso de Poirot** – Agatha Christie
1183. **Livro para colorir e relaxar** – Livro 1
1184. **Para colorir sem parar**
1185. **Os elefantes não esquecem** – Agatha Christie
1186. **Teoria da relatividade** – Albert Einstein
1187. **Compêndio da psicanálise** – Freud
1188. **Visões de Gerard** – Jack Kerouac
1189. **Fim de verão** – Mohiro Kitoh
1190. **Procurando diversão** – Mauricio de Sousa
1191. **E não sobrou nenhum e outras peças** – Agatha Christie
1192. **Ansiedade** – Daniel Freeman & Jason Freeman
1193. **Garfield: pausa para o almoço** – Jim Davis
1194. **Contos do dia e da noite** – Guy de Maupassant
1195. **O melhor de Hagar 7** – Dik Browne
1196. (29). **Lou Andreas-Salomé** – Dorian Astor
1197. (30). **Pasolini** – René de Ceccatty
1198. **O caso do Hotel Bertram** – Agatha Christie
1199. **Crônicas de motel** – Sam Shepard
1200. **Pequena filosofia da paz interior** – Catherine Rambert
1201. **Os sertões** – Euclides da Cunha
1202. **Treze à mesa** – Agatha Christie
1203. **Bíblia** – John Riches
1204. **Anjos** – David Albert Jones
1205. **As tirinhas do Guri de Uruguaiana 1** – Jair Kobe
1206. **Entre aspas (vol.1)** – Fernando Eichenberg
1207. **Escrita** – Andrew Robinson
1208. **O spleen de Paris: pequenos poemas em prosa** – Charles Baudelaire
1209. **Satíricon** – Petrônio
1210. **O avarento** – Molière
1211. **Queimando na água, afogando-se na chama** – Bukowski
1212. **Miscelânea septuagenária: contos e poemas** – Bukowski
1213. **Que filosofar é aprender a morrer e outros ensaios** – Montaigne
1214. **Da amizade e outros ensaios** – Montaigne
1215. **O medo à espreita e outras histórias** – H.P. Lovecraft
1216. **A obra de arte na era de sua reprodutibilidade técnica** – Walter Benjamin
1217. **Sobre a liberdade** – John Stuart Mill
1218. **O segredo de Chimneys** – Agatha Christie
1219. **Morte na rua Hickory** – Agatha Christie
1220. **Ulisses (Mangá)** – James Joyce
1221. **Ateísmo** – Julian Baggini
1222. **Os melhores contos de Katherine Mansfield** – Katherine Mansfied
1223. (31). **Martin Luther King** – Alain Foix
1224. **Millôr Definitivo: uma antologia de *A Bíblia do Caos*** – Millôr Fernandes
1225. **O Clube das Terças-Feiras e outras histórias** – Agatha Christie
1226. **Por que sou tão sábio** – Nietzsche
1227. **Sobre a mentira** – Platão
1228. **Sobre a leitura *seguido do* Depoimento de Céleste Albaret** – Proust
1229. **O homem do terno marrom** – Agatha Christie
1230. (32). **Jimi Hendrix** – Franck Médioni
1231. **Amor e amizade e outras histórias** – Jane Austen

1232. **Lady Susan, Os Watson e Sanditon** – Jane Austen
1233. **Uma breve história da ciência** – William Bynum
1234. **Macunaíma: o herói sem nenhum caráter** – Mário de Andrade
1235. **A máquina do tempo** – H.G. Wells
1236. **O homem invisível** – H.G. Wells
1237. **Os 36 estratagemas: manual secreto da arte da guerra** – Anônimo
1238. **A mina de ouro e outras histórias** – Agatha Christie
1239. **Pic** – Jack Kerouac
1240. **O habitante da escuridão e outros contos** – H.P. Lovecraft
1241. **O chamado de Cthulhu e outros contos** – H.P. Lovecraft
1242. **O melhor de Meu reino por um cavalo!** – Edição de Ivan Pinheiro Machado
1243. **A guerra dos mundos** – H.G. Wells
1244. **O caso da criada perfeita e outras histórias** – Agatha Christie
1245. **Morte por afogamento e outras histórias** – Agatha Christie
1246. **Assassinato no Comitê Central** – Manuel Vázquez Montalbán
1247. **O papai é pop** – Marcos Piangers
1248. **O papai é pop 2** – Marcos Piangers
1249. **A mamãe é rock** – Ana Cardoso
1250. **Paris boêmia** – Dan Franck
1251. **Paris libertária** – Dan Franck
1252. **Paris ocupada** – Dan Franck
1253. **Uma anedota infame** – Dostoiévski
1254. **O último dia de um condenado** – Victor Hugo
1255. **Nem só de caviar vive o homem** – J.M. Simmel
1256. **Amanhã é outro dia** – J.M. Simmel
1257. **Mulherzinhas** – Louisa May Alcott
1258. **Reforma Protestante** – Peter Marshall
1259. **História econômica global** – Robert C. Allen
1260. (33). **Che Guevara** – Alain Foix
1261. **Câncer** – Nicholas James
1262. **Akhenaton** – Agatha Christie
1263. **Aforismos para a sabedoria de vida** – Arthur Schopenhauer
1264. **Uma história do mundo** – David Coimbra
1265. **Ame e não sofra** – Walter Riso
1266. **Desapegue-se!** – Walter Riso
1267. **Os Sousa: Uma famíla do barulho** – Mauricio de Sousa
1268. **Nico Demo: O rei da travessura** – Mauricio de Sousa
1269. **Testemunha de acusação e outras peças** – Agatha Christie
1270. (34). **Dostoiévski** – Virgil Tanase
1271. **O melhor de Hagar 8** – Dik Browne
1272. **O melhor de Hagar 9** – Dik Browne
1273. **O melhor de Hagar 10** – Dik e Chris Browne
1274. **Considerações sobre o governo representativo** – John Stuart Mill
1275. **O homem Moisés e a religião monoteísta** – Freud
1276. **Inibição, sintoma e medo** – Freud
1277. **Além do princípio de prazer** – Freud
1278. **O direito de dizer não!** – Walter Riso
1279. **A arte de ser flexível** – Walter Riso
1280. **Casados e descasados** – August Strindberg
1281. **Da Terra à Lua** – Júlio Verne
1282. **Minhas galerias e meus pintores** – Kahnweiler
1283. **A arte do romance** – Virginia Woolf
1284. **Teatro completo v. 1: As aves da noite** *seguido de* **O visitante** – Hilda Hilst
1285. **Teatro completo v. 2: O verdugo** *seguido de* **A morte do patriarca** – Hilda Hilst
1286. **Teatro completo v. 3: O rato no muro** *seguido de* **Auto da barca de Camiri** – Hilda Hilst
1287. **Teatro completo v. 4: A empresa** *seguido de* **O novo sistema** – Hilda Hilst
1288. **Sapiens: Uma breve história da humanidade** – Yuval Noah Harari
1289. **Fora de mim** – Martha Medeiros
1290. **Divã** – Martha Medeiros
1291. **Sobre a genealogia da moral: um escrito polêmico** – Nietzsche
1292. **A consciência de Zeno** – Italo Svevo
1293. **Células-tronco** – Jonathan Slack
1294. **O fim do ciúme e outros contos** – Proust
1295. **A jangada** – Júlio Verne
1296. **A ilha do dr. Moreau** – H.G. Wells
1297. **Ninho de fidalgos** – Ivan Turguêniev
1298. **Jane Eyre** – Charlotte Brontë
1299. **Sobre gatos** – Bukowski
1300. **Sobre o amor** – Bukowski
1301. **Escrever para não enlouquecer** – Bukowski
1302. **222 receitas** – J. A. Pinheiro Machado
1303. **Reinações de Narizinho** – Monteiro Lobato
1304. **O Saci** – Monteiro Lobato
1305. **Memórias da Emília** – Monteiro Lobato
1306. **O Picapau Amarelo** – Monteiro Lobato
1307. **A reforma da Natureza** – Monteiro Lobato
1308. **Fábulas** *seguido de* **Histórias diversas** – Monteiro Lobato
1309. **Aventuras de Hans Staden** – Monteiro Lobato
1310. **Peter Pan** – Monteiro Lobato
1311. **Dom Quixote das crianças** – Monteiro Lobato
1312. **O Minotauro** – Monteiro Lobato
1313. **Um quarto só seu** – Virginia Woolf
1314. **Sonetos** – Shakespeare
1315. (35). **Thoreau** – Marie Berthoumieu e Laura El Makki
1316. **Teoria da arte** – Cynthia Freeland
1317. **A arte da prudência** – Baltasar Gracián
1318. **O louco** *seguido de* **Areia e espuma** – Khalil Gibran
1319. **O Profeta** *seguido de* **O jardim do profeta** – Khalil Gibran
1320. **Jesus, o Filho do Homem** – Khalil Gibran
1321. **A luta** – Norman Mailer
1322. **Sobre o sofrimento do mundo e outros ensaios** – Schopenhauer

lepmeditores
www.lpm.com.br
o site que conta tudo

IMPRESSÃO:

PALLOTTI
GRÁFICA

Santa Maria - RS | Fone: (55) 3220.4500
www.graficapallotti.com.br